EBS랑 홈스쿨 초등 영어

HOME SCHOOL

초등
영독해
LEVEL
2

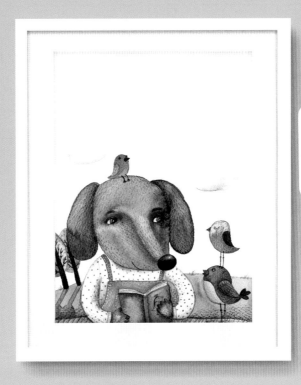

한발 빠른 초등학생도
기초를 다지는 중학생도
중학영어 내신 만점을 위한 첫걸음

EBS 기초 영문법
EBS 기초 영독해

EBS 기초 영문법 1, 2

EBS 기초 영독해

EBS랑 홈스쿨 초등 영어

HOME SCHOOL

초등
영독해
LEVEL
2

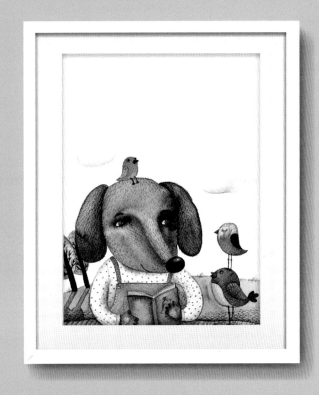

이 책의 구성과 활용법

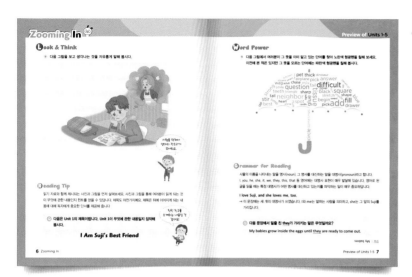

Zooming In

5개 Unit을 학습하기 전, Reading 에 등장하는 그림과 다양한 읽기 방법을 활용하여 어떤 내용의 글인지 미리 파악해 보고, 읽기를 위해 필요한 단어와 문장 구조에 대해 생각해 봅니다.

❸ 지문 듣기 QR 코드

스마트폰으로 QR 코드를 스캔하면 원어민이 지문을 읽어 주는 MP3 음원이 재생됩니다. 반복해 들으면서 영어 듣기 실력을 향상해 봅니다.

Reading

20개 Unit을 학습하는 동안 다양한 주제의 흥미로운 글을 읽게 됩니다. 생생한 그림, 사진 자료와 함께 즐겁게 영어 읽기를 해 봅니다.

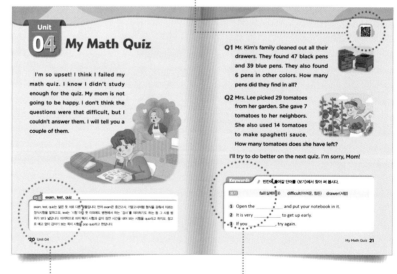

❶ 배경지식 / 어휘 / 문법 / 문화

글의 내용과 관련된 배경지식, 어휘, 문법, 또는 문화와 관련된 정보를 통해 글을 더 깊이 이해해 봅니다.

❷ Keywords

글에 등장하는 중요 단어의 뜻을 문장 속의 의미를 생각하며 파악해 봅니다.

After You Read

글을 다 읽은 후 글의 내용을 잘 이해했는지 확인하는 단계입니다. 다양한 Post-reading 활동을 통해 직접 문제를 풀어 보면서 글의 내용과 문장의 의미를 더 정확하게 이해해 봅니다.

Vocabulary Practice

재미있는 단어 활동을 통해 각 **Unit**에서 반드시 알아야 할 단어의 의미와 스펠링을 확실하게 익혀 봅니다.

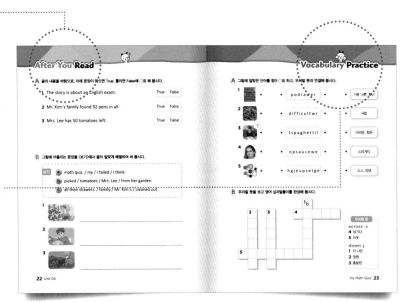

eWorkbook [온라인 부가자료(PDF)]

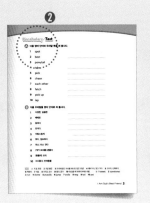

❶ **Dictation** 본 교재에 수록된 지문을 활용한 받아쓰기 활동으로 영어 듣기 실력을 향상할 수 있습니다.

  * Worksheet의 QR 코드를 태그하면 바로 지문을 들을 수 있어요!

❷ **Vocabulary Test** 단어 테스트(영한/한영)를 통해 본 교재에서 학습한 단어의 뜻을 잘 기억하는지 확인할 수 있습니다.

❸ **Translation & Unscrambling** 본 교재에 수록된 지문 속 문장을 우리말로 해석하는 Translation, 주어진 단어를 배열하여 문장을 완성하는 Unscrambling 활동으로 영어 문장에 더욱 친숙해질 수 있습니다.

- **Study Plan:** 내 학습상황에 맞게 40-day, 20-day 중 하나를 선택해서 학습 진도를 체크해 봅니다.
- **Study Log:** 오늘 학습한 내용을 직접 기록해 보면서 새로 학습한 내용, 어려웠던 내용을 다시 되짚어 봅니다.

※ EBS 초등사이트(primary.ebs.co.kr)에서 PDF 제공

이 책의 **차례**

CONTENTS

Zooming In

Look & Think

■ 다음 그림을 보고 생각나는 것을 자유롭게 말해 봅시다.

시험을 망쳐서 엄마의 잔소리가 무서워요.

Reading Tip

읽기 자료와 함께 제시되는 사진과 그림을 먼저 살펴보세요. 사진과 그림을 통해 여러분이 읽게 되는 것이 무엇에 관한 내용인지 힌트를 얻을 수 있답니다. 제목도 마찬가지예요. 제목은 뒤에 이어지게 되는 내용에 대해 독자에게 중요한 단서를 제공해 줍니다

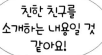

친한 친구를 소개하는 내용일 것 같아요!

Q 다음은 Unit 1의 제목이랍니다. Unit 1이 무엇에 관한 내용일지 짐작해 봅시다.

I Am Suji's Best Friend

Ⓦord Power

■ 다음 그림에서 여러분이 그 뜻을 이미 알고 있는 단어를 찾아 노란색 형광펜을 칠해 보세요. 이전에 본 적은 있지만 그 뜻을 모르는 단어에는 파란색 형광펜을 칠해 봅시다.

Ⓖrammar for Reading

사물의 이름을 나타내는 말을 명사(noun), 그 명사를 대신하는 말을 대명사(pronoun)라고 합니다. I, you, he, she, it, we, they, this, that 등 영어에는 대명사 표현이 매우 발달해 있습니다. 영어로 된 글을 읽을 때는 특정 대명사가 어떤 명사를 대신하고 있는지를 파악하는 일이 매우 중요하답니다.

I love Suji, and she loves me, too.

→ 이 문장에는 세 개의 대명사가 쓰였습니다. I와 me는 말하는 사람을 의미하고, she는 그 앞의 Suji를 가리킵니다.

> Ⓠ 다음 문장에서 밑줄 친 **they**가 가리키는 말은 무엇일까요?
>
> My babies grow inside the eggs until <u>they</u> are ready to come out.

정답 | My babies

Unit 01
I Am Suji's Best Friend

My name is Champ. I am a white dog with black spots. Suji is my best friend. She is a sweet girl with a ponytail. She takes me for a walk every day. Sometimes Suji takes me to the park. We run, jump, and chase each other.

어휘 fetch

fetch는 '(어디를 가서) 사람을 데리고 오거나 사물을 가지고 오다'라는 뜻입니다. 영국에서는 특히 사람을 대상으로 무언가를 가져다 달라고 말을 할 때 이 단어가 자연스럽게 등장하죠. 그런데 미국에서는 강아지에게 물건을 던져주며 되가져오라고 할 때 이 단어를 주로 사용한다고 해요. 주의해서 사용해야 하겠지요?

We like to play with a red ball. Suji throws the red ball. I run to fetch it and proudly pick it up. After running, I sit on her lap, and she pets me. I like to see her smile when I wag my tail on her lap. I love Suji, and she loves me, too.

Keywords 🖊 빈칸에 들어갈 단어를 〈보기〉에서 찾아 써 봅시다.

| 보기 | chase(뒤쫓다)　　throw(던지다)　　smile(미소; 미소 짓다) |

1 I _____ butterflies, but they always fly away.

2 Don't _____ stones at the window!

3 She has a kind _____ on her face.

After You Read

A 글의 내용을 바탕으로, 아래 문장이 맞으면 True, 틀리면 False에 ○표 해 봅시다.

1 The story is about Champ and his best friend, Suji.

True | False

2 Suji takes Champ for a walk only on weekends.

True | False

3 Suji kicks a red ball for Champ.

True | False

B 그림에 어울리는 문장을 〈보기〉에서 골라 알맞게 배열하여 써 봅시다.

보기
a jump, / each other. / and chase / We run,

b with / I am / black spots. / a white dog

c to fetch the red ball / pick it up. / I run / and proudly

1

_____

2

_____

3

_____

Vocabulary Practice

A 그림에 알맞은 단어를 찾아 ○표 하고, 우리말 뜻과 연결해 봅시다.

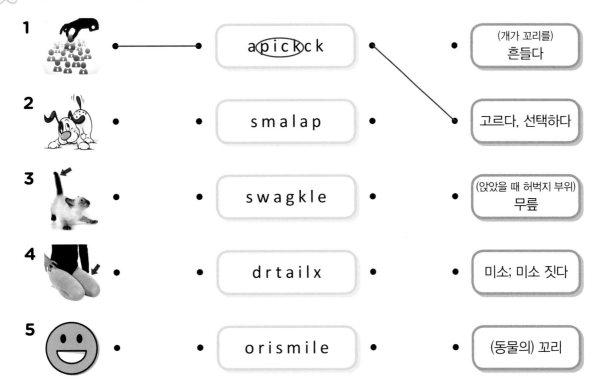

1. a p i c k c k — (개가 꼬리를) 흔들다
2. s m a l a p — 고르다, 선택하다
3. s w a g k l e — (앉았을 때 허벅지 부위) 무릎
4. d r t a i l x — 미소; 미소 짓다
5. o r i s m i l e — (동물의) 꼬리

B 우리말 뜻을 보고 영어 십자말풀이를 완성해 봅시다.

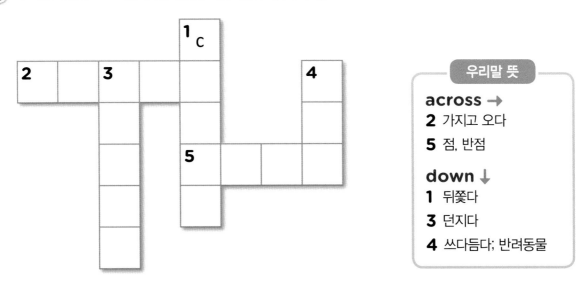

우리말 뜻

across →
2 가지고 오다
5 점, 반점

down ↓
1 뒤쫓다
3 던지다
4 쓰다듬다; 반려동물

I Am Suji's Best Friend **11**

Unit 02

How to Make a Lantern

Making a lantern is so easy and fun. Let's make a lantern using a glass jar.

What you need:

a glass jar , colored tissue paper , craft glue ,

a paintbrush , a candle

Directions:

1. Cut the colored tissue paper into different shapes. You can make triangles, squares, stars, hearts, circles or any shape you like!

문화 여러 나라의 등불축제

대만의 등불 축제는 타이베이, 핑시(Pingxi) 지역의 '천등 축제'가 가장 유명해요. 종이로 만든 등에 소원을 적어 밤하늘에 날려 보내는 아름다운 축제랍니다. 하와이의 등불 축제는 'Lantern Floating Hawaii'라고 해요. 메모리얼 데이(Memorial Day)를 기념해서 열리는데, 등불을 띄워 1차 세계대전에 참전한 군인들을 기립니다. 그 외에도 베트남 호이안의 등불 축제와 태국 치앙마이의 등불 축제도 손꼽힌답니다.

2. With the paintbrush, put some glue on the glass jar on some spots.

3. On the spots, paste the shapes.

4. With the paintbrush, cover the whole jar with craft glue. And let it dry.

5. Put the candle inside the jar.

6. Light the candle with the help of an adult.

Keywords

✏️ 빈칸에 들어갈 단어를 〈보기〉에서 찾아 써 봅시다.

| 보기 | triangle(삼각형) | square(정사각형) | paste(붙이다) |

1 A _____ has four sides.

2 A pyramid is in the shape of a _____.

3 Cut and _____ the blue paper on the box.

After You Read

A 글의 내용을 바탕으로, 아래 문장이 맞으면 True, 틀리면 False에 ○표 해 봅시다.

1 The text is about how to make a lantern.

True	False

2 You can paste different shapes on the jar.

True	False

3 You can light the candle with your friends.

True	False

B 그림에 어울리는 문장을 〈보기〉에서 골라 알맞게 배열하여 써 봅시다.

> 보기
> **a** inside / the candle / Put / the jar.
> **b** some glue / put / With the paintbrush , / on the glass jar.
> **c** different shapes. / Cut / into / the colored tissue paper

1

_____

2

_____

3

_____

Vocabulary Practice

A 그림에 알맞은 단어를 찾아 ○표 하고, 우리말 뜻과 연결해 봅시다.

1 · · ttyzweejar · · 등, 랜턴

2 · · jllanternw · · (유리) 병, 항아리

3 · · dfwshapeu · · 모양

4 · · cccandler · · 초, 양초

5 · · apaintbrush · · 붓, 페인트용 솔

B 우리말 뜻을 보고 영어 십자말풀이를 완성해 봅시다.

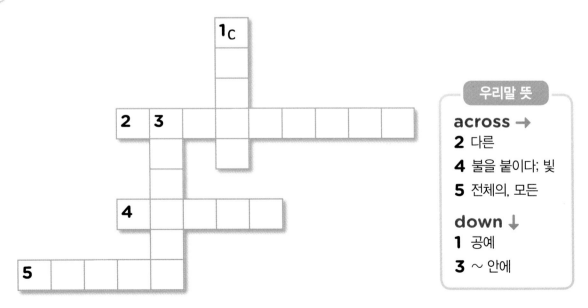

우리말 뜻

across →
2 다른
4 불을 붙이다; 빛
5 전체의, 모든

down ↓
1 공예
3 ~ 안에

Unit 03

T-Rex: King of the Dinosaurs

Hello! I'm T-Rex. I am the king of the dinosaurs. I'm one of the biggest meat-eating dinosaurs. From nose to tail, I'm as long as a school bus. I am heavier than an airplane. I have a big square head. It is as big as a kitchen table. My tail is very thick and long. I have 60 sharp teeth. Some of them are as big as bananas. I have two small claws. I walk on two strong legs. My eyes are bad, so I can't see well. However, I have a good nose. I use it to find other animals. Just like other dinosaurs, I lay eggs. My babies grow inside the eggs until they are ready to come out.

배경지식 티라노사우루스 렉스

티라노사우루스 렉스(Tyrannosaurus rex)는 '폭군 도마뱀 왕'이라는 뜻으로 티렉스(T-Rex)로 줄여서 불리곤 합니다. 티라노사우루스 렉스가 나오는 유명한 영화 중 하나가 '쥬라기 공원(Jurassic Park, 1993)'인데요. 티라노사우루스 렉스가 관람차에 탄 사람들을 공격하는 장면이 참 무시무시하죠. 실제로 마주치게 된다면 까무러칠지도 몰라요.

🖊 빈칸에 들어갈 단어를 〈보기〉에서 찾아 써 봅시다.

보기   dinosaur(공룡)   heavy(무거운)   lay(알을 낳다, 놓다)

1 He tried to open the _____ door.

2 All birds _____ eggs.

3 I saw _____ bones at the museum.

After You Read

A 글의 내용을 바탕으로, 아래 문장이 맞으면 True, 틀리면 False에 ○표 해 봅시다.

1 A T-Rex is as long as a school bus.

True | False

2 A T-Rex's tail is very thick and short.

True | False

3 A T-Rex has a big triangle shape head.

True | False

B 그림에 어울리는 문장을 〈보기〉에서 골라 알맞게 배열하여 써 봅시다.

> 보기
>
> **a** bad , / My eyes are / see well. / so I can't
>
> **b** My babies / until they are / inside the eggs / ready to come out. / grow
>
> **c** two / have / small claws. / I

1

_____

2

_____

3

_____

Vocabulary Practice

Ⓐ 그림에 알맞은 단어를 찾아 ○표 하고, 우리말 뜻과 연결해 봅시다.

1 • • d i n o s a u r e • • 무거운

2 • • r t r e c l a w i i • • 네모의

3 • • w e e t h i c k o i • • 공룡

4 • • h e a v y i o p w • • (새, 짐승의) 갈고리 발톱, 발톱이 있는 발

5 • • o p s q u a r e w e • • 두꺼운

Ⓑ 우리말 뜻을 보고 영어 십자말풀이를 완성해 봅시다.

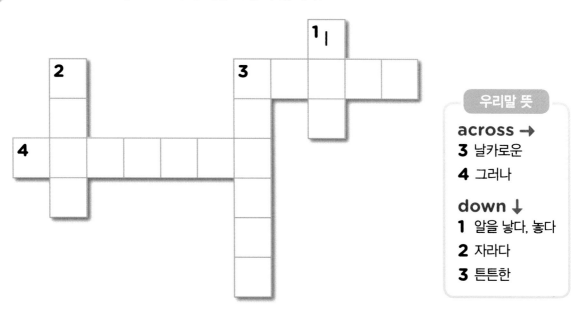

우리말 뜻

across →
3 날카로운
4 그러나

down ↓
1 알을 낳다, 놓다
2 자라다
3 튼튼한

My Math Quiz

I'm so upset! I think I failed my math quiz. I know I didn't study enough for the quiz. My mom is not going to be happy. I don't think the questions were that difficult, but I couldn't answer them. I will tell you a couple of them.

 exam, test, quiz

exam, test, quiz는 닮은 듯 서로 다른 말들입니다. 먼저 exam은 중간고사, 기말고사처럼 형식을 갖춰서 치르는 정식시험을 말하고요. test는 '시험'이란 뜻 이외에도 병원에서 하는 '검사'를 의미하기도 하는 등 그 사용 범위가 보다 넓답니다. 마지막으로 마치 쪽지 시험과 같이 잠깐 시간을 내어 보는 시험을 quiz라고 하지요. 참고로 예고 없이 갑자기 보는 쪽지 시험을 pop quiz라고 한답니다.

Q1 Mr. Kim's family cleaned out all their drawers. They found 47 black pens and 39 blue pens. They also found 6 pens in other colors. How many pens did they find in all?

Q2 Mrs. Lee picked 29 tomatoes from her garden. She gave 7 tomatoes to her neighbors. She also used 14 tomatoes to make spaghetti sauce. How many tomatoes does she have left?

I'll try to do better on the next quiz. I'm sorry, Mom!

Keywords ✎ 빈칸에 들어갈 단어를 〈보기〉에서 찾아 써 봅시다.

보기   fail(실패하다)   difficult(어려운, 힘든)   drawer(서랍)

1 Open the _____ and put your notebook in it.

2 It is very _____ to get up early.

3 If you _____, try again.

After You Read

A 글의 내용을 바탕으로, 아래 문장이 맞으면 True, 틀리면 False에 ○표 해 봅시다.

1 The story is about an English exam.

| True | False |

2 Mr. Kim's family found 92 pens in all.

| True | False |

3 Mrs. Lee has 50 tomatoes left.

| True | False |

B 그림에 어울리는 문장을 〈보기〉에서 골라 알맞게 배열하여 써 봅시다.

> 보기
> **a** math quiz. / my / I failed / I think
> **b** picked / tomatoes / Mrs. Lee / from her garden.
> **c** all their drawers. / family / Mr. Kim's / cleaned out

1

_____

2

_____

3

_____

Vocabulary Practice

A 그림에 알맞은 단어를 찾아 ○표 하고, 우리말 뜻과 연결해 봅시다.

1   p o d r a w e r   기분 나쁜, 화난

2   d i f f i c u l t w r   서랍

3   t s p a g h e t t i l   어려운, 힘든

4   o p s a u c e w e   스파게티

5   h g j e u p s e t g e   소스, 양념

B 우리말 뜻을 보고 영어 십자말풀이를 완성해 봅시다.

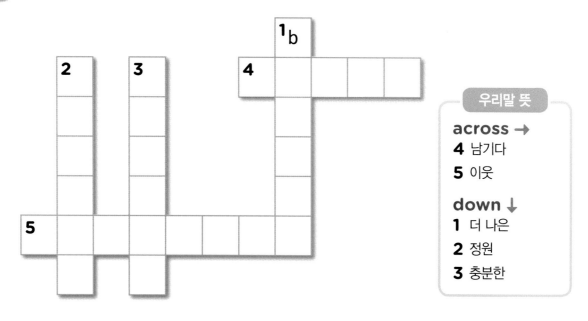

우리말 뜻

across →
4 남기다
5 이웃

down ↓
1 더 나은
2 정원
3 충분한

Unit 05

How to Make Slime

Let's make slime to play with! Here is a fast and easy way.

Materials:

spoon   beaker   food coloring   glue   water   borax

배경지식 슬라임

슬라임을 끈끈하게 만들어주는 필수 재료인 붕사는 의약품, 화장품, 세제 등에도 사용됩니다. 붕사는 그 자체로는 위험하지 않지만 과다 사용하거나, 오래 사용하면 위험할 수 있어요. 안정성이 검증된 슬라임을 유통기한을 확인해서 사용해야 하겠습니다. 직접 만든 슬라임의 경우에는 3~4일 정도만 가지고 노는 것이 좋답니다.

Directions:

1. Fill the beaker with 10 ml of water.

2. Add 30 ml of glue to the beaker and mix.

3. You can make colored slime if you add food coloring to the glue and water mixture.

4. Add one spoon of borax and mix.

5. Stir the mixture as many times as you can.

6. In a second, slime will begin to form.

7. Take the slime out and play with it. You can roll it up or stretch it out.

* borax 붕사(붕소나트륨)

Keywords 🖊 빈칸에 들어갈 단어를 〈보기〉에서 찾아 써 봅시다.

| 보기 | add(더하다)   stir(젓다, 섞다)   stretch(늘리다) |

1 ＿＿＿＿＿＿＿ some milk to the flour.

2 He ＿＿＿＿＿＿ed the rope tight.

3 Put some sugar in and ＿＿＿＿＿＿ it with a spoon.

After You Read

A 글의 내용을 바탕으로, 아래 문장이 맞으면 True, 틀리면 False에 ○표 해 봅시다.

1 The text is about how to make slime by yourself.

True | False

2 Second, add 30 ml of glue to the beaker and mix.

True | False

3 You need a spoon, scissors, and food coloring to make slime.

True | False

B 그림에 어울리는 문장을 〈보기〉에서 골라 알맞게 배열하여 써 봅시다.

보기
a with / the beaker / Fill / of water. / 10 ml

b the mixture / Stir / you / as many times / can. / as

c will / form. / begin / In a second, / to / slime

1  _____

2  _____

3 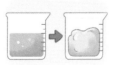 _____

Vocabulary Practice

A 그림에 알맞은 단어를 찾아 ○표 하고, 우리말 뜻과 연결해 봅시다.

1 • • eregluepo • • 더하다

2 • • skuaddiew • • 풀

3 • • wstbeaker • • 비커

4  • • yrollwzyn • • 둥글게 말다

5  • • coloringw • • 색소, 색

B 우리말 뜻을 보고 영어 십자말풀이를 완성해 봅시다.

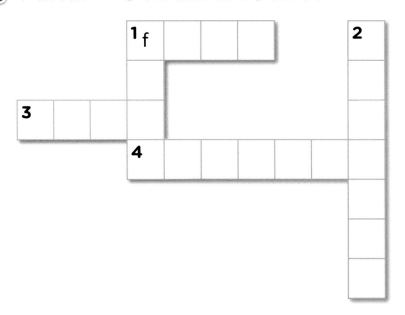

우리말 뜻

across →
1 채우다
3 젓다, 섞다
4 혼합물

down ↓
1 형성하다
2 늘리다

Zooming In

Look & Think

🔲 다음 그림을 보고 생각나는 것을 자유롭게 말해 봅시다.

어딘가 엄청난 보물이 숨겨져 있을 것 같아요.

Reading Tip

훑어 읽기(skimming)는 읽기의 기본이 되는 중요한 전략입니다. 주어진 지문을 빠르게 훑어 읽으며 글의 주제가 대략 무엇인지 파악하는 전략을 말하지요. 전체적으로 최대한 빠르게 읽되, 영어의 경우 중심내용이 맨 앞에 나오는 경우가 많기 때문에 앞부분에 좀 더 주의를 기울여 읽을 필요가 있겠습니다.

흰 긴수염 고래 (blue whales)의 거대한 덩치에 대한 이야기 같아요!

Ⓠ **Unit 6 읽기 지문의 첫 번째 단락을 훑어 읽기 해봅시다. 무엇에 관한 글일까요?**

Word Power

■ 다음 그림에서 여러분이 그 뜻을 이미 알고 있는 단어를 찾아 노란색 형광펜을 칠해 보세요.
이전에 본 적은 있지만 그 뜻을 모르는 단어에는 파란색 형광펜을 칠해 봅시다.

Grammar for Reading

주어(subject)와 동사(verb)가 하나씩 등장하는 간단한 문장을 단문이라고 합니다. 단문과 단문을 and, but, or 등의 말을 이용하여 연결한 문장을 중문이라고 하지요. 중문의 경우 and, but, or 뒤에서 반복되는 동일한 주어는 생략할 수 있답니다.

```
┌──────────── 중문 ────────────┐
I didn't think I needed it, but she still took me.
    단문                          단문
```

Q 다음 중문에서 밑줄 친 **read**의 주어는 무엇일까요?

I went to the wall and <u>read</u> it carefully.

정답 | |

Unit 06

World's Greatest Animals

Blue whales are the biggest animals in the world. Did you know a blue whale tongue weighs as much as an elephant? And their heart weighs as much as a car. Then, how much does a whole blue whale weigh? A blue whale can weigh up to 150 tons. It is like the weight of 30 elephants.

Giraffes are the tallest animals on Earth. A giraffe can reach higher into trees than any other animal. How tall is a giraffe? A giraffe can grow up to 5.8 m tall.

 문법 비교하는 말로 최상의 의미 표현하기

"I love you more than any other person."은 "나는 다른 누구보다 더 너를 사랑해."라는 말이죠. 그런데 이 말은 "나는 너를 가장 사랑해."라는 말과 그 뜻이 같아요. 마찬가지로, "A cheetah is faster than any other animal."은 "A cheetah is the fastest land animal."과 그 의미가 같답니다.

30 Unit 06

Cheetahs are the fastest land animals in the world. A cheetah can run at speeds of 120 km/h. It is like the speed of cars on the highway. However, cheetahs can only run that fast for a short time.

Speed of Land Animals

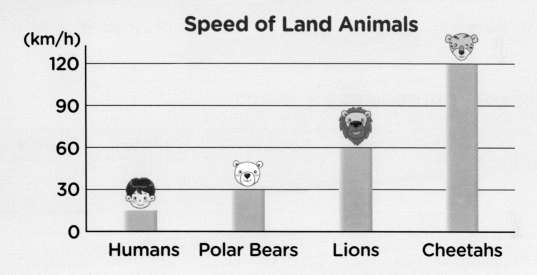

(km/h)

| 120 |
| 90 |
| 60 |
| 30 |
| 0 |

Humans   Polar Bears   Lions   Cheetahs

Keywords ✏️ 빈칸에 들어갈 단어를 〈보기〉에서 찾아 써 봅시다.

보기   weigh(무게가 ~이다)   reach(도달하다, 이르다)   highway(고속도로)

1 He is driving a car on the _____.

2 Can you _____ down and touch your toes?

3 A giraffe can _____ as much as a truck.

After You Read

A 글의 내용을 바탕으로, 다음을 읽고 알맞은 답을 골라 봅시다.

1 What is the text about?

    a Great animals in the world

    b The weight of 30 elephants

    c The speed of cars on the highway

2 The biggest animal in the world is the _____.

    a blue whale   **b** giraffe   **c** gorilla

3 The tallest animal on Earth is the _____.

    a cheetah   **b** giraffe   **c** kangaroo

B 주어진 단어들을 다시 배열하여 문장을 완성해 봅시다.

1 can | to | up | A blue whale | 150 tons. | weigh

  → _____

2 A giraffe | higher | than | into trees | any other | animal. | can reach

  → _____

3 the fastest | in | animals | the world. | land | Cheetahs are

  → _____

Vocabulary Practice

A 그림에 알맞은 영어 단어를 〈보기〉에서 찾아 써 봅시다.

보기	cheetah	Earth	elephant	giraffe	tongue

1

_____

2

_____

3

_____

4

_____

5

_____

B 우리말에 해당하는 단어를 철자판에서 찾아 ○표 하고, 단어를 써 봅시다.

c	h	h	h	g	w	i	w	e	e
e	i	r	a	w	w	l	l	e	h
h	t	c	y	a	h	g	h	h	a
h	c	w	w	w	h	a	e	w	t
h	w	w	e	i	e	r	l	h	l
t	h	i	t	g	i	h	e	r
e	i	a	g	h	h	e	g	e	e
h	i	g	h	w	a	y	a	h	a
g	a	h	t	i	g	h	w	w	c
g	y	w	i	i	a	w	a	e	h

우리말 뜻/영단어

1 무게가 ~이다

_____

2 도달하다, 이르다

_____

3 무게, 체중

_____

4 고속도로

_____

5 고래

_____

Where Is the Treasure?

Once upon a time, there was a treasure hunter. During his adventure, he found a treasure box. He buried it in a secret place. Years later, he had a daughter. He drew a map and wrote a letter on how to find the treasure. He gave them to his daughter. When his daughter grew up, she went to find the treasure. Here are the map and the letter. Can you help the daughter find the treasure?

문법 위치, 방향을 나타내는 전치사

in, at은 위치를 나타내는 말로 전치사라고 합니다. 두 전치사가 함께 쓰인 경우라면 상대적으로 넓은 장소에 대해 in을 쓰고 좁은 장소에 대해 at을 쓰게 됩니다. 자주 만나게 되는 전치사로 to와 through가 있는데, 이들은 방향을 나타내는 전치사입니다. to는 '~로'라는 뜻으로 도착지를 나타낼 때 쓰고, through는 '~을 통해'라는 뜻으로 주로 쓰인답니다.

Dear Daughter,

Start at Skull Island. From there, cross the sea to Monkey Village. Follow the road to Bear's Cave. Go through the cave. When you reach the crossroads, turn right and walk straight ahead. When you arrive at the big coconut tree, turn left and follow the road. In front of you, there is Indian Valley. Turn right and follow the railway over the bridge. At the end of the bridge, take a boat north. You'll find Dragon Castle. The treasure is in the castle. I buried it in the middle of the garden.
Love, dad

Where is the treasure?

Keywords 🖊 빈칸에 들어갈 단어를 〈보기〉에서 찾아 써 봅시다.

보기   treasure(보물)   bury(묻다)   arrive(도착하다)

1 She'll _____ in Korea at 2 o'clock.

2 Squirrels like to _____ their food.

3 Look! That's a pirate's _____ box!

After You Read

A 글의 내용을 바탕으로, 다음을 읽고 알맞은 답을 골라 봅시다.

1 What is the story about?

    a How to write a letter

    b How to find the treasure

    c Skull Island and Monkey Village

2 At the end of the bridge, take a boat _____.

    a east   **b** west   **c** north

3 The treasure is buried in _____.

    a A   **b** B   **c** C

B 주어진 단어들을 다시 배열하여 문장을 완성해 봅시다.

1 | the railway | over | and follow | the bridge. | Turn right |

    → _____

2 | the | through | cave. | Go |

    → _____

3 | ahead. | walk straight | the crossroads, | When you reach |

    | turn right and |

    → _____

Vocabulary Practice

A 그림에 알맞은 영어 단어를 〈보기〉에서 찾아 써 봅시다.

보기	bury	crossroad	railway	skull	straight

1

2

3

_____   _____   _____

4

5

_____   _____

B 우리말에 해당하는 단어를 철자판에서 찾아 ○표 하고, 단어를 써 봅시다.

c	m	f	r	f	o	l	e	s	u
s	i	t	r	o	f	t	l	r	c
t	h	r	o	u	g	h	g	o	h
o	t	s	i	m	t	f	t	l	l
r	u	a	r	s	i	m	l	h	f
s	r	r	a	r	e	r	u	u	t
s	e	r	h	r	e	c	c	n	i
c	t	i	e	f	u	r	r	t	e
m	i	v	a	h	l	r	t	e	s
m	i	e	d	t	i	m	r	r	t

우리말 뜻/영단어

1 ~을 통해

_____

2 앞으로

_____

3 사냥꾼, 찾아다니는 사람

_____

4 비밀의, 숨겨진

_____

5 도착하다

_____

Dental Care Advice for Children

My mom took me to the dentist for a checkup. I didn't think I needed it, but she still took me.

At the dentist's office, we checked in at the reception desk. The dentist was not ready to see me, so we sat in the waiting room. I saw a picture of a huge set of ugly teeth on a poster. I went to the wall and read it carefully. It showed four simple tips to keep your teeth healthy.

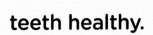 dentist

치과 의사는 doctor라는 말 대신 dentist라고 주로 부릅니다. 「dent(치아) + ist(~에 관계하는 사람)」이라는 뜻이에요. '치과 의사에게 진찰을 받다'라는 표현은 'see the dentist'라고 하니 함께 알아두면 좋겠지요.

1. Brush Your Teeth
   - Brush them gently after every meal.
   - Use fluoride toothpaste.

2. Eat Healthy Food
   - Eat foods like cheese, milk, fruits, and vegetables.
   - Avoid sugary foods like candy and chocolate.

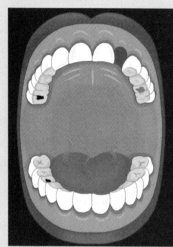

3. Floss Your Teeth
   - Floss once a day.
   - Remove food pieces caught in between teeth.

4. Visit the Dentist
   - Visit every six months.
   - Get regular checkups.

The tips seemed simple and easy, but they're sometimes hard to follow.

* fluoride 불소

Keywords 🖊 빈칸에 들어갈 단어를 〈보기〉에서 찾아 써 봅시다.

보기   checkup(검진)   avoid(피하다)   remove(제거하다, 없애다)

① You have to _____ your shoes before entering a house.

② We need to _____ eating junk food.

③ You have to get a regular _____.

After You Read

A 글의 내용을 바탕으로, 다음을 읽고 알맞은 답을 골라 봅시다.

1 My mom took me to the _____ for a checkup.

    a dentist   **b** museum   **c** supermarket

2 Why do you floss your teeth?

    a To get a checkup

    b To avoid sugary foods like candy and chocolate

    c To remove food pieces caught in between my teeth

3 Which is NOT a tip to keep your teeth healthy?

    a Brush your teeth after every meal.

    b Eat healthy foods like cheese, milk, fruits, and vegetables.

    c Visit the dentist once a year.

B 주어진 단어들을 다시 배열하여 문장을 완성해 봅시다.

1 in   at   We   reception desk.   checked   the

    → _____

2 to keep   It showed   your teeth healthy.   four simple tips

    → _____

3 sometimes hard   The tips seemed   simple and easy,

    to follow.   but they're

    → _____

Vocabulary Practice

A 그림에 알맞은 영어 단어를 〈보기〉에서 찾아 써 봅시다.

| 보기 | checkup | dentist | floss | piece | sugary |

1

2

3

_____ _____ _____

4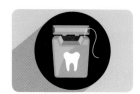

5

_____ _____

B 우리말에 해당하는 단어를 철자판에서 찾아 ○표 하고, 단어를 써 봅시다.

e	r	c	i	l	l	e	f	f	i
r	i	r	y	l	p	i	o	s	e
g	e	t	p	n	l	r	l	e	e
e	e	c	r	e	g	u	l	a	r
n	t	u	e	t	e	a	o	e	r
t	n	e	n	p	a	a	w	t	t
l	s	o	m	e	t	i	m	e	s
y	n	y	u	e	t	i	t	o	r
g	s	s	f	n	i	s	o	t	o
i	p	r	y	n	a	p	n	n	y

우리말 뜻/영단어

1 접수, 리셉션

_____

2 부드럽게

_____

3 규칙적인, 정기적인

_____

4 때때로

_____

5 따르다

_____

Unit 09

The Pizza of the Italian Flag

You may have ordered a Margherita pizza from a restaurant. Well, what about its name, *Margherita*? Do you know its history?

In June 1889, Italian King Umberto I and his wife, Queen Margherita, visited Naples in Italy. The queen asked the most famous pizza-maker in Naples to make some special pizzas. The pizza-maker

Queen Margherita

thought carefully and said to himself, "I should make pizzas representing Italy." He made three different pizzas. On one of them, he used the three colors from the Italian flag.

배경지식 마르게리타 피자의 고향 「브란디 레스토랑」

본문의 Pizza-maker의 이름은 라파엘레 에스포지토 브란디(Raffaele Esposito Brandi)입니다. 마르게리타 피자의 고향인 이탈리아, 나폴리를 방문하게 된다면 브란디(Brandi) 레스토랑을 찾아가 보세요. 1780년부터 문을 연 유서 깊은 곳으로 마르게리타 피자의 고향이라고 할 수 있죠. 마르게리타 피자의 탄생지에서 맛보는 피자의 맛이 오랫동안 기억에 남을 거예요.

The pizza-maker used tomatoes for the red. He used mozzarella cheese for the white. And he used fresh basil for the green. The queen really loved the pizza.

The pizza-maker named it after Queen Margherita. Now, it is one of the most popular pizzas in the world.

Keywords ✎ 빈칸에 들어갈 단어를 〈보기〉에서 찾아 써 봅시다.

보기   order(주문하다)   restaurant(식당)   famous(유명한)

1 France is _____ for its wine.

2 Would you like to _____ something to drink?

3 We had a nice dinner in a _____.

After You Read

A 글의 내용을 바탕으로, 다음을 읽고 알맞은 답을 골라 봅시다.

1 What is the text about?

    a Italian King Umberto I

    b A world-famous pizza-maker

    c How the Margherita pizza got its name

2 The pizza-maker made pizzas representing _____.

    a America   **b** France   **c** Italy

3 The pizza-maker used _____ for the red.

    a ketchup   **b** tomatoes   **c** red peppers

B 주어진 단어들을 다시 배열하여 문장을 완성해 봅시다.

1   a Margherita pizza   from   You may   a restaurant.

   have ordered

→ _____

2   from   He used   colors   the Italian flag.   the three

→ _____

3   Queen Margherita.   it   named   after   The pizza-maker

→ _____

Vocabulary Practice

A 그림에 알맞은 영어 단어를 〈보기〉에서 찾아 써 봅시다.

보기   fresh   Italy   popular   restaurant   special

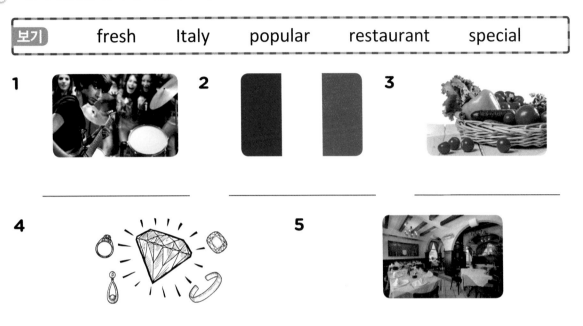

1 _____

2 _____

3 _____

4 _____

5 _____

B 우리말에 해당하는 단어를 철자판에서 찾아 ○표 하고, 단어를 써 봅시다.

d	r	c	t	h	o	r	d	e	r
r	c	r	y	l	p	i	o	s	f
b	e	a	p	n	l	r	d	l	a
e	h	p	r	e	g	u	l	o	m
d	t	i	r	e	e	a	o	y	o
t	n	e	s	e	f	a	w	a	u
l	s	o	m	t	s	u	m	l	s
y	n	y	u	e	o	e	l	h	u
g	s	s	t	r	p	r	n	l	s
c	g	r	f	f	u	l	y	t	y

우리말 뜻/영단어

1 역사

_____

2 주문하다

_____

3 신중하게

_____

4 상징하다, 나타내다

_____

5 유명한

_____

The Two Biggest Korean Holidays

Rina and her classmates had a social studies class yesterday. They studied about the two biggest holidays in Korea, *Seollal* and *Chuseok*. During the class, they worked in groups on an activity. Rina's group categorized the characteristics of the two holidays. They made a big chart and posted it on the wall. After that, they shared which holiday they liked better.

 추석과 비슷한 다른 나라의 명절

다른 나라에도 우리의 추석과 같은 명절이 있답니다. 미국 사람들은 11월 넷째 주의 추수감사절(Thanksgiving Day)이 되면 온 가족이 모여 칠면조 고기를 나누어 먹습니다. 중국과 베트남은 우리와 마찬가지로 음력 8월 15일이 명절인데요. 중국은 중추절, 베트남은 쭝투(Trung Thu)라고 불러요.

	Seollal	*Chuseok*
What?	•It is a celebration of the lunar New Year.	•It is Korea's traditional harvest festival.
When?	•It is the first day of the new lunar year.	•It is on August 15th of the lunar calendar.
How is it celebrated?	•People travel from all over the country to meet their family members.	
	•Younger generations perform *sebae* to elders. •Children get money from adults after *sebae*.	•People look at the full moon and make wishes.
Food	•*Ddukguk* (Rice cake soup)	•*Songpyeon* (Traditional rice cake)
Play	•People play Korean games like *yunnori*.	•Women sing and dance together in *ganggangsullae*.

Rina liked *Seollal* better. Just like other children, she loves getting money from adults after she performs *sebae*. She is waiting for the next *Seollal*.

Keywords 🖊 빈칸에 들어갈 단어를 〈보기〉에서 찾아 써 봅시다.

보기 holiday(명절, 휴일)   share(나누다, 공유하다)   perform(수행하다, 공연하다)

1 Christmas is one of the most popular _____s in the world.

2 The singer _____ed his famous song on the stage.

3 John _____s his house with three other students.

After You Read

A 글의 내용을 바탕으로, 다음을 읽고 알맞은 답을 골라 봅시다.

1 The text is about _____ and _____ .

    a ddukguk , songpyeon   **b** *Seollal* , *Chuseok*   **c** social studies , math

2 *Chuseok* is on _____ of the lunar calender.

    a the first day   **b** April 8th   **c** August 15th

3 What is the traditional food people eat on *Seollal*?

    a *kimchi*   **b** *songpyeon*   **c** *ddukguk*

B 주어진 단어들을 다시 배열하여 문장을 완성해 봅시다.

1   studied about   holidays   They   the   in Korea.

     two biggest

    → _____

2   a big   and posted   chart   on the wall.   it   They made

    → _____

3   from   People   their family members.   to meet

     all over the country   travel

    → _____

Vocabulary Practice

A 그림에 알맞은 영어 단어를 〈보기〉에서 찾아 써 봅시다.

> 보기   celebration   characteristic   chart   social studies   traditional

1

2

3

_____   _____

4

활동적인   음악을 좋아하는   현명한   친절한   친환경적인

5

_____   _____

B 우리말에 해당하는 단어를 철자판에서 찾아 ○표 하고, 단어를 써 봅시다.

c	h	e	a	o	u	g	g	o	n
o	a	o	e	n	n	o	e	a	f
e	r	t	t	z	h	e	n	i	e
e	v	t	e	p	i	p	e	r	s
i	e	n	r	g	o	g	r	n	t
m	s	a	e	z	o	c	a	i	i
p	t	t	e	r	h	r	t	s	v
o	c	g	g	t	r	m	i	p	a
s	r	t	g	a	n	v	o	z	l
t	p	o	r	t	o	o	n	s	e

우리말 뜻/영단어

1 축제

_____

2 분류하다

_____

3 게시하다

_____

4 수확, 추수

_____

5 세대, 시대

_____

Zooming In

Look & Think

■ 다음 그림을 보고 생각나는 것을 자유롭게 말해 봅시다.

새 자전거가 생겼어요! 날아갈 듯 기뻐요!

Reading Tip

스캐닝(scanning)은 훑어 읽기와 함께 매우 중요한 읽기 전략입니다. 이는 특정 정보를 찾아 선택적으로 글을 읽는 것을 말하죠. 정보량이 많은 읽기 지문의 경우라면 스캐닝 전략의 적용이 특히 중요할 수 있답니다. 구체적인 정보를 빠르게 골라내는 능력을 키우기 위해서는 많은 연습이 필요하겠죠!

오래된 자전거의 이름이에요!

◎ Unit 11의 지문을 빠르게 읽고 Red Dragon이 무엇을 의미하는지 찾아봅시다.

Word Power

▣ 다음 그림에서 여러분이 그 뜻을 이미 알고 있는 단어를 찾아 노란색 형광펜을 칠해 보세요.
이전에 본 적은 있지만 그 뜻을 모르는 단어에는 파란색 형광펜을 칠해 봅시다.

Grammar for Reading

영어는 매우 경제적인 언어랍니다. 그래서 같은 말을 가급적 반복하지 않는 경향이 있죠. 동일한 말을 생략함으로써 글의 응집력(cohesion)은 더욱 강해지게 됩니다. 참고로, 응집력은 글의 요소들이 서로 긴밀하고 단단하게 연결되어 있는 정도를 말한답니다.

Actually, the words are not new, but the meanings are.

→ 마지막의 동사 are 뒤에 new가 생략된 문장으로 이해해 볼 수 있겠습니다. new가 반복되는 것을 생략을 통해 피한 것이죠.

　Q 다음 문장에서 생략된 말은 무엇일까요?

Yogurt was the second most popular dessert, and fruit was the third.

정답 | most popular dessert

Saturday, October 24

I have a new bike. It is light green and shiny. It was a gift from my parents. They hid it behind a bush to surprise me. When I looked behind the bush and saw the bike, I jumped for joy. My parents said that I needed a new bike because I've grown so much this year. I named my new bike "Greenie."

어휘 name의 두 가지 쓰임

"My name is Suji."에서 name은 '이름'이라는 뜻의 말입니다. 그런데 이 말은 본문에서처럼 '이름을 짓다'라는 뜻으로도 쓰이지요. 또 다른 예로, "I drink water."에서의 water는 '물'이라는 뜻이고요, "I watered the plants."에서의 water는 '물을 주다'라는 뜻이지요.

I gave Red Dragon to my little brother. Red Dragon is my old bike. It is two years old but still looks brand new! It fits my brother perfectly. He jumped for joy, too. I was happy that he liked it. Tomorrow, we will ride Greenie and Red Dragon all day together.

Keywords   ✏️ 빈칸에 들어갈 단어를 〈보기〉에서 찾아 써 봅시다.

보기   bike(자전거)   parents(부모님)   hide(숨기다, 숨다)

1 I ride a _____ around my neighborhood.

2 Where did you _____? I can't see you!

3 My _____ are proud of me when I am nice to my brother.

After You Read

A 글의 내용을 바탕으로, 아래 문장이 맞으면 True, 틀리면 False에 ○표 해 봅시다.

1 My parents hid the new bike behind a bush.

| True | False |

2 I named my new bike "Red Dragon."

| True | False |

3 My brother liked his new bike.

| True | False |

B 그림에 어울리는 문장을 〈보기〉에서 골라 알맞게 배열하여 써 봅시다.

보기
a have / I / new bike. / a
b I / joy. / jumped / for
c fits / It / perfectly. / my brother

1

_____

2

_____

3

_____

Vocabulary Practice

A 그림에 알맞은 단어를 찾아 ○표 하고, 우리말 뜻과 연결해 봅시다.

1   owlbikern   덤불, 풀숲

2   kerbushie   선물

3   weshinygl   자전거

4   pegiftyun   숨기다, 숨다

5   sefthidem   빛나는, 반짝이는

B 우리말 뜻을 보고 영어 십자말풀이를 완성해 봅시다.

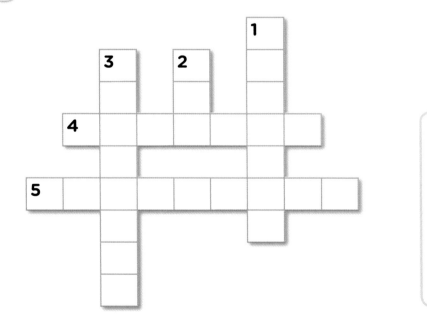

우리말 뜻

across →
4 남동생, 남자 형제
5 완벽하게, 완전하게

down ↓
1 부모님
2 꼭 맞다, 어울리다
3 놀라게 하다

Unit 12

Take My Worries Away

In Guatemala, children bring worry dolls to bed when they have worries or sorrows. A legend says that this doll takes away those worries. Here's how it works.

1. Think about your worries and problems before you sleep.
2. Tell the worry doll about your problems.
3. Pat the doll gently. It may get hurt from your worries.
4. Place the doll under your pillow.

The doll will take your worries away. So, the next morning, you will wake up refreshed!

 걱정 인형과 드림캐쳐

과테말라의 걱정 인형은 나무와 헝겊, 털실 등으로 만든 키가 2~3cm 정도 되는 작은 인형이에요. 미국 원주민의 드림캐쳐(dreamcatcher)도 걱정 인형과 비슷한 의미를 가져요. 동그란 틀에 실을 감고 구슬과 깃털을 달아 만드는데요. 이것을 창가에 걸어두면 좋은 꿈을 꾼다고 합니다.

I have a worry doll in my drawer. I don't really believe in magic. But I want to use my worry doll tonight. What am I worried about? I'm sad that my best friend is going abroad.

Keywords
✏️ 빈칸에 들어갈 단어를 〈보기〉에서 찾아 써 봅시다.

| 보기 | worry(걱정; 걱정하다)　　refreshed(상쾌한)　　magic(마법, 마술) |

1 I felt _____ after a cool shower.

2 In *Cinderella*, the fairy godmother used _____.

3 Don't _____. Everything will be all right.

After You Read

A 글의 내용을 바탕으로, 아래 문장이 맞으면 True, 틀리면 False에 ○표 해 봅시다.

1 A worry doll takes your worries away.

True | False

2 You sleep with a worry doll on your pillow.

True | False

3 I'm sad that my best friend is sick.

True | False

B 그림에 어울리는 문장을 〈보기〉에서 골라 알맞게 배열하여 써 봅시다.

보기
a I'm sad / my best friend / that / abroad. / is going

b your pillow. / Place / under / the doll

c a worry doll / in / my drawer. / I / have

1
_____

2
_____

3
_____

Vocabulary Practice

A 그림에 알맞은 단어를 찾아 ○표 하고, 우리말 뜻과 연결해 봅시다.

1 • • b a b r o a d o n • • 다친;
다치게 하다

2 • • m a g i c e r t y • • 해외로

3 • • a s h u r t r a w • • 마법, 마술

4 • • v e p i l l o w b y • • 인형

5 • • p o p o d o l l e r • • 베개

B 우리말 뜻을 보고 영어 십자말풀이를 완성해 봅시다.

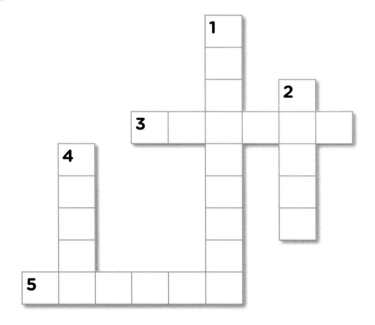

우리말 뜻

across →
3 슬픔, 슬픈 일
5 전설

down ↓
1 상쾌한
2 걱정; 걱정하다
4 놓다, 두다; 장소, 자리

Favorite School Lunch Dessert

I asked my classmates about their favorite school lunch dessert. Among 30 students, 12 students liked juice the most. Yogurt was the second most popular dessert, and fruit was the third. Only three students chose rice cake.

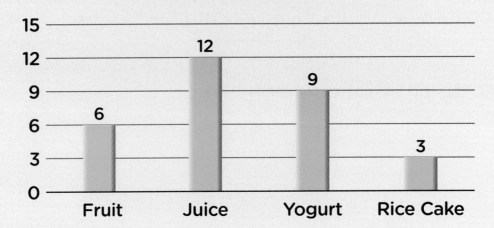

Favorite School Lunch Dessert

 연결하는 말 and

'그리고', '또'의 의미로 낱말이나 문장을 연결할 때 and를 씁니다. "Rice cake is sweet and filling!"처럼 낱말끼리 연결할 수 있어요. 또 "Yogurt was the second most popular dessert, and fruit was the third (most popular dessert)."처럼 문장을 연결하기도 하죠. 이때 괄호 속 말처럼 반복되는 부분은 생략할 수도 있어요.

Yuna

Well, the school lunches are always heavy. I prefer yogurt. Rice cake is too filling.

Junho

I like juice for dessert. I can drink it quickly so I can play longer. I always want more playtime.

Sumi

One piece of rice cake after lunch is perfect. Rice cake is sweet and filling!

Keywords 🖉 빈칸에 들어갈 단어를 〈보기〉에서 찾아 써 봅시다.

보기   classmate(학급 친구)   popular(인기 있는)   dessert(디저트, 후식)

1 Many of my friends watch the same TV show. It is _____.

2 Jina and Teo are my _____s. We study and play together.

3 We often eat ice cream for _____ at the end of a meal.

After You Read

A 글의 내용을 바탕으로, 아래 문장이 맞으면 True, 틀리면 False에 ○표 해 봅시다.

1 Juice is the most popular dessert.

True	False

2 Junho is still hungry after lunch.

True	False

3 Sumi prefers rice cake for dessert.

True	False

B 그림에 어울리는 문장을 〈보기〉에서 골라 알맞게 배열하여 써 봅시다.

보기
a I / can / quickly. / drink / juice
b prefer / I / yogurt.
c Rice cake / is / filling! / sweet / and

1

_____

2

_____

3

_____

Vocabulary Practice

A 그림에 알맞은 단어를 찾아 ○표 하고, 우리말 뜻과 연결해 봅시다.

1 • • sethirdye • • 과일

2 • • wjuicethe • • 주스

3 • • treyogurt • • 요거트

4 • • ofruitceq • • 세 번째

5 • • erdrinkez • • 마시다; 음료

B 우리말 뜻을 보고 영어 십자말풀이를 완성해 봅시다.

우리말 뜻

across →
2 든든한, 배가 차는
4 디저트, 후식
5 인기 있는

down ↓
1 학급 친구
3 더 좋아하다

Braille, a Boy's Invention

Louis Braille

Blind people use Braille for reading. It is named after the inventor, Louis Braille. He was born in France in 1809. He lost his sight when he was just three years old. He went to a school for blind children. At school, he learned different ways of reading using touch.

 때를 나타내는 말 when

두 문장을 연결할 때, 때를 나타내는 말 when을 사용할 수 있어요. "He lost sight / when he was just three years old."에서 when은 뒤의 말에 연결하여 '~했을 때'라고 하면 됩니다. "그는 시각을 잃었다 / 그가 겨우 세 살이었을 때 //"가 되네요.

One day, he learned about a secret code that soldiers use in the dark. Braille thought it would help blind people to read. He made the code simpler and invented Braille. It was a light for the blind. It was when he was only 15 years old.

Here are some numbers in Braille. Can you read them?

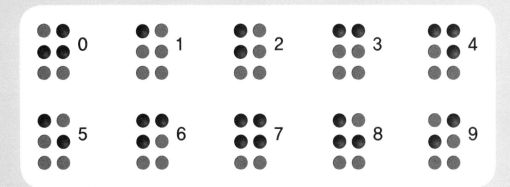

Keywords ✏️ 빈칸에 들어갈 단어를 〈보기〉에서 찾아 써 봅시다.

보기   blind(시각장애의, 눈이 먼)   touch(촉각; 만지다)   invent(발명하다)

① Edison did not do well in school, but later he _____ed the light bulb.

② I found the right button in the dark by _____.

③ The accident left her _____ in one eye.

After You Read

A 글의 내용을 바탕으로, 아래 문장이 맞으면 True, 틀리면 False에 ○표 해 봅시다.

1 The alphabet for blind people is called Braille.

True | False

2 Louis Braille was born blind.

True | False

3 Louis Braille invented Braille when he was 15 years old.

True | False

B 그림에 어울리는 문장을 〈보기〉에서 골라 알맞게 배열하여 써 봅시다.

보기
a for reading. / Blind people / Braille / use

b He / in 1809. / in France / was born

c some numbers / in / Here are / Braille.

1

_____

2

_____

3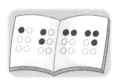

_____

Vocabulary Practice

A 그림에 알맞은 단어를 찾아 ○표 하고, 우리말 뜻과 연결해 봅시다.

1 • • kipsightop • • 빛; 밝은

2 • • oxydarkih • • 군인

3 • • ochildreni • • 시각, 시력, 풍경

4 • • ewlightoy • • 어두운, 진한

5 • • fsoldierub • • 어린이들

B 우리말 뜻을 보고 영어 십자말풀이를 완성해 봅시다.

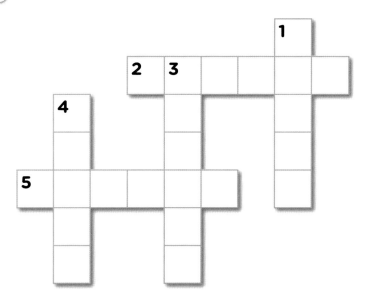

우리말 뜻

across →
2 간단한, 단순한
5 숫자

down ↓
1 시각장애의, 눈이 먼
3 발명하다
4 촉각; 만지다

Add Color to Words

Boram's Learning Log

I learned some new words today. Actually, the words are not new, but the meanings are. My teacher said these new meanings add color to words.

The Apple of My Eye

This means someone you love above others. Shakespeare, the famous English writer, used this first in a play.

문법 새로운 의미가 담긴 말들

본문에 나온 말들처럼 원래의 뜻에서 출발하여 새로운 의미가 만들어지는 경우가 많이 있어요. 언뜻 보아서는 그 뜻을 알아채기가 쉽지 않죠. 'a piece of cake'은 무슨 뜻일까요? 우리말에서 '식은 죽 먹기'처럼 아주 쉬운 일을 말한답니다. 오늘 읽은 말들을 기억하는 것, 어렵지 않죠? It's a piece of cake!

Sour Grapes

In Aesop's fable, the fox wanted to pick and eat grapes, but he couldn't reach them. He gave up and said the grapes were sour. Sometimes we say that something is bad when we cannot have it.

When life gives you lemons, make lemonade.

Lemons are sour and sour things are often not pleasant. What about lemonade? It's sweet and cool! Some people just blame the world and do nothing. Others try to make the best of what they have. That's making lemonade!

Keywords ✎ 빈칸에 들어갈 단어를 〈보기〉에서 찾아 써 봅시다.

| 보기 | sour(신맛의)   grape(포도)   give up(포기하다) |

1 This candy is so _____. I can't eat it.

2 Don't _____ now. You can try again!

3 Wine is made from _____s.

After You Read

Ⓐ 글의 내용을 바탕으로, 아래 문장이 맞으면 True, 틀리면 False에 ○표 해 봅시다.

1 Someone is the apple of your eye when you love that person more than anyone else.

True	False

2 You can say 'sour grapes' when something you have is really good.

True	False

3 Lemons often mean pleasant things in life.

True	False

Ⓑ 그림에 어울리는 문장을 〈보기〉에서 골라 알맞게 배열하여 써 봅시다.

> 보기
> ⓐ The fox / to pick / and eat / wanted / grapes.
> ⓑ the apple / You are / my eye. / of
> ⓒ lemons, / When / life gives you / make lemonade.

1

_____

2

_____

3

_____

Vocabulary Practice

A 그림에 알맞은 단어를 찾아 ◯표 하고, 우리말 뜻과 연결해 봅시다.

1   •   •   k w r i t e r e x   •   •   여우

2   •   •   n l e m o n t a   •   •   포도

3   •   •   i c f o x c h e t   •   •   신맛의

4   •   •   p e g r a p e l   •   •   작가, 글 쓰는 사람

5   •   •   q u e s o u r s   •   •   레몬

B 우리말 뜻을 보고 영어 십자말풀이를 완성해 봅시다.

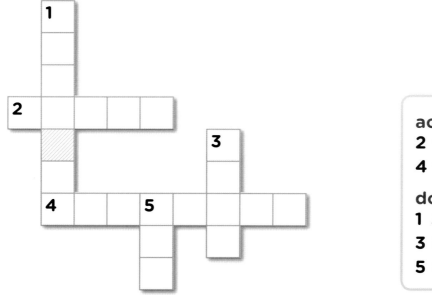

우리말 뜻

across →
2 ～에 닿다, 도착하다
4 즐거운, 기분 좋은

down ↓
1 포기하다
3 연극; 놀다
5 더하다

Look & Think

🔲 다음 그림을 보고 생각나는 것을 자유롭게 말해 봅시다.

태양광 자동차 경주가 열리고 있어요.

Reading Tip

영어 독해 도사가 되고 싶은 여러분이라면 사전과 꼭 친해지길 바라요. 뜻을 모르는 단어 혹은 의미를 좀 더 알고 싶은 단어가 있다면 사전을 펼쳐 그 뜻을 찾아보는 습관을 가져보세요. 어휘 실력은 물론 여러분의 독해 실력이 어느새 부쩍 자라나 있을 거예요.

'비영리적인'이라는 뜻이에요. 앞에 non이 덧붙여진 다른 말들도 찾을 수 있어요!

🔍 Unit 16의 지문에 등장하는 **non-profit**의 의미는 무엇일까요? 사전에서 그 의미를 찾아봅시다.

Word Power

■ 다음 그림에서 여러분이 그 뜻을 이미 알고 있는 단어를 찾아 노란색 형광펜을 칠해 보세요.
이전에 본 적은 있지만 그 뜻을 모르는 단어에는 파란색 형광펜을 칠해 봅시다.

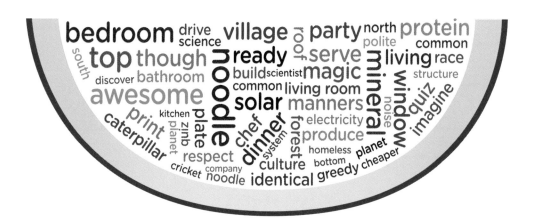

Grammar for Reading

한국어에는 관사(article)가 없답니다. 그에 비해 영어의 경우 명사는 반드시 그 앞에 관사를 동반하게 됩니다. 그래서 명사 표현에 대해서는 'an apple', 'a book'과 같이 관사를 덧붙여 공부하는 것이 좋아요. 참고로, 정관사라고 하는 the는 말하는 사람과 듣는 사람이 서로 알고 있는 대상에 대해 쓰게 됩니다.

It's like plugging into the sun.

→ 태양(sun)은 말하는 사람과 듣는 사람이 모두 알고 있는 대상이에요. 그래서 the sun과 같이 말해야 하지요.

> **Q 다음 문장의 빈칸에 적절한 관사는 무엇일까요?**
>
> Eating insects also helps _____ planet.

정답 | the ㅑㄴㅇ

3D Houses in Mexico

The non-profit company, New Story, built the world's first 3D printed homes in Mexico. From start to finish, it takes 24 hours to build a house. The 3D printer starts printing from the bottom to the top. Then workers place  a roof, doors, and windows on the structure. They also set up a system for water and electricity. Each 3D printed home has two bedrooms, a living room, a kitchen, and a bathroom.

배경지식 3D 프린팅 기술

3D 프린터로 집을 지을 수 있다니 기술이 놀랍죠? 콘크리트 건물의 벽을 둥글게 만드는 것과 같이 사람이 하기 어려운 일을 3D 프린터로는 쉽게 할 수 있답니다. 이 밖에도 3D 프린터는 발에 꼭 맞는 신발이나 스포츠용품을 만드는 데에도 이용되고, 의학 분야에서는 인공 뼈나 장기를 만드는 데 이용되기도 한답니다.

New Story plans to build a village of 50 3D homes in Mexico and more in other countries. The company's CEO, Brett Hagler, says they make homes faster, cheaper, and better. He also says he wants to help homeless people around the world.

* non-profit 비영리의, 이익을 추구하지 않는

보기   build(짓다, 건설하다)   print(인쇄하다)   village(마을)

1 The three little pigs wanted to _____ a house with bricks.

2 We visited a small _____ in Hwasung.

3 You can take pictures and _____ them out.

After You Read

A 글의 내용을 바탕으로, 다음을 읽고 알맞은 답을 골라 봅시다.

1 The company built 3D homes in _____.

    a Japan   **b** Mexico   **c** Germany

2 How long does it take to build a 3D house?

    a 24 hours   **b** three days   **c** two weeks

3 A 3D house does <u>not</u> have _____.

    a five bedrooms   **b** a kitchen   **c** a living room

B 주어진 단어들을 다시 배열하여 문장을 완성해 봅시다.

1 | to the top. | The 3D printer | from the bottom | starts printing |

  → _____

2 | It takes | build a house. | to | 24 hours |

  → _____

3 | They | and better. | make | homes | faster, cheaper, |

  → _____

Vocabulary Practice

A 그림에 알맞은 영어 단어를 <보기>에서 찾아 써 봅시다.

보기	top window electricity bedroom kitchen

1

2

3

_____

_____

_____

4

5

_____

_____

B 우리말에 해당하는 단어를 철자판에서 찾아 ○표 하고, 단어를 써 봅시다.

c	l	f	i	l	d	z	z	u	t
o	w	i	a	b	o	t	t	o	m
g	c	m	l	w	j	a	h	y	a
w	z	h	o	m	e	l	e	s	s
m	q	v	u	i	d	c	i	x	e
p	l	k	c	x	s	u	n	b	z
f	b	x	t	h	r	x	u	u	v
b	a	t	h	r	o	o	m	i	r
w	v	i	l	l	a	g	e	l	a
z	g	o	l	n	h	w	x	d	t

우리말 뜻/영단어

1 바닥

_____

2 짓다, 건설하다

_____

3 마을

_____

4 화장실

_____

5 집이 없는; 노숙자

_____

The New Superfood: Insects

Imagine a plate of fried crickets on the table. You may be surprised. Now imagine a muffin. No problem. Some food companies in Canada use cricket flour to make muffins. Actually, eating insects has many good points.

Insects are healthy food. They are rich in protein and minerals. They are low in fat and calories. Eating insects also helps the planet. Insect farms don't need much space. This means that fewer forests are cleared. Accordingly, insect farms produce less greenhouse gas.

 문화 **식용 곤충**

> 아프리카와 아시아 지역에서는 오랫동안 곤충을 먹는 문화가 있었어요. 여러분의 할머니, 할아버지께 여쭤보면 옛날에 메뚜기를 튀겨 드셨다고 하실지도 몰라요. 메뚜기와 누에 등은 우리나라에서 식용 곤충이죠. 최근에는 유럽과 미국의 고급 레스토랑에서도 곤충 요리를 찾아볼 수 있답니다.

Beetles and caterpillars are the most popular insect foods. And, these days more farms are growing grasshoppers and crickets. Would you like to try some of them? No? Well, no worries. There are many more insects that you can try!

* greenhouse gas 온실가스

Keywords

🖊 빈칸에 들어갈 단어를 〈보기〉에서 찾아 써 봅시다.

보기   insect(곤충)   healthy(건강한)   planet(지구, 세상, 행성)

1 Ants, bees, and butterflies are all _____s.

2 You can stay _____ by exercising every day.

3 How can we save the _____?

After You Read

A 글의 내용을 바탕으로, 다음을 읽고 알맞은 답을 골라 봅시다.

1 Some food companies in _____ use cricket flour to make muffins.

   a Canada   **b** China   **c** Turkey

2 _____ are the insects people eat most.

   a Ants and bees

   b Beetles and caterpillars

   c Butterflies and crickets

3 Which of the following is not true?

   a Insects are healthy food.

   b Eating insects is good for the planet.

   c Insect farms take up a lot of space.

B 주어진 단어들을 다시 배열하여 문장을 완성해 봅시다.

1 | rich in | and minerals. | protein | Insects | are |

   → _____

2 | less | Insect farms | produce | greenhouse gas. |

   → _____

3 | Eating insects | good points. | has | many |

   → _____

Vocabulary Practice

A 그림에 알맞은 영어 단어를 〈보기〉에서 찾아 써 봅시다.

> **보기**　　　insect　　　farm　　　flour　　　forest　　　planet

1

_____

2

_____

3

_____

4

_____

5

_____

B 우리말에 해당하는 단어를 철자판에서 찾아 ○표 하고, 단어를 써 봅시다.

g	h	g	a	a	r	m	b	z	s
o	r	c	h	o	o	s	e	r	b
o	i	e	z	a	p	l	a	t	e
h	r	m	e	d	w	p	u	m	p
e	e	w	a	n	g	y	k	m	r
s	l	a	x	g	h	f	i	f	o
o	i	s	l	o	i	o	m	t	d
o	n	n	g	t	j	n	u	y	u
a	x	f	l	o	h	u	e	s	c
p	x	j	h	y	n	y	f	n	e

우리말 뜻/영단어

1 상상하다

_____

2 건강한

_____

3 배출하다, 생산하다

_____

4 온실

_____

5 접시, 요리

_____

Unit 18 Manners Lesson

Ms. Lee

Do you want to be a person with good manners? Can you share some good manners you know?

Mia

Me! I use polite words. I use some magic words, like "Thank you," "Sorry," and "Please."

Jae-won

That's a good point. And I always try to be on time. I can show respect to others in that way.

Sophia

Oh, in Brazil, sometimes it's more polite to be late. If you are on time to a dinner party, others will think that you are greedy.

문화 여러 나라의 식사 예절

여러 나라의 식사 예절을 알아볼까요? 일본에서는 밥그릇과 젓가락을 들고 식사를 하지요. 음식을 향해 몸을 숙이지 않는다고 해요. 중국에서는 음식을 조금 남겨야 푸짐하게 잘 먹었다는 뜻이 된대요. 독일과 프랑스에서는 쩝쩝 소리를 내며 음식은 먹는 것은 무례하지만, 식탁에서 코를 푸는 것은 괜찮답니다!

Oliver

Table manners are also important! I wait until everyone is served. And I try not to make noise when I eat noodles.

Yu Yan

Well, slurping is not bad in China. It shows the food is really good and the chef is happy to hear people slurping.

Ms. Lee

Wow! You know a lot about manners! And we see different manners in different cultures. One thing is common, though. We all think of others!

Keywords ✏️ 빈칸에 들어갈 단어를 〈보기〉에서 찾아 써 봅시다.

보기　　　　manners(예절, 예의)　　polite(예의 바른, 정중한)　　culture(문화)

1 Food is an important part of every _____.

2 He is always _____. He is never rude to others.

3 It is bad _____ to chew with your mouth open.

After You Read

A 글의 내용을 바탕으로, 다음을 읽고 알맞은 답을 골라 봅시다.

1 You can use magic words like , _____

   a "Thank you."   **b** "I can't do it."   **c** "I don't like it."

2 It is polite to be late for a dinner party in _____.

   a Australia   **b** Brazil   **c** Japan

3 It is okay to slurp noodles in _____.

   a China   **b** Germany   **c** France

B 주어진 단어들을 다시 배열하여 문장을 완성해 봅시다.

1 | everyone | is served. | I wait | until |

   → _____

2 | I try | noise | when | not to make | I eat noodles. |

   → _____

3 | You | about manners! | know | a lot |

   → _____

Vocabulary Practice

A 그림에 알맞은 영어 단어를 〈보기〉에서 찾아 써 봅시다.

보기	wait	polite	greedy	noodle	noise

1

2

3

_____

_____

_____

4

5

_____

_____

B 우리말에 해당하는 단어를 철자판에서 찾아 ○표 하고, 단어를 써 봅시다.

s	v	o	o	t	e	v	x	k	l
l	y	m	a	n	n	e	r	s	d
u	a	c	u	l	t	u	r	e	g
r	s	t	d	h	k	t	k	u	n
p	n	c	e	f	o	n	g	j	x
k	a	o	r	e	s	p	e	c	t
m	y	m	u	y	n	f	o	l	n
f	n	m	y	t	e	q	j	i	c
k	l	o	j	s	z	g	e	d	s
a	n	n	d	e	g	v	y	l	l

우리말 뜻/영단어

1 예절, 예의

_____

2 존중; 존경하다

_____

3 늦은; 늦게

_____

4 문화

_____

5 공통의, 일반적인

_____

The Solar Car Race

(On videophone)

Min-ji: Hi, how are you, Uncle Hee-dong?

Uncle: Hi, Min-ji!

Min-ji: Tomorrow is the big day, the solar car race! How do you feel?

Uncle: I feel awesome. My team is ready.

Min-ji: I'm proud of you. How many teams are in the race?

Uncle: This year, there are 47 teams from around the world.

Min-ji: That's cool. I hope you win!

배경지식 **태양광 자동차 경주 대회**

태양광 자동차 혹은 솔라카(solar car) 기술을 선보이는 경기가 바로 월드솔라챌린지예요. 이 대회는 1987년 호주에서 시작되어 2년마다 열리는데, 참가팀들은 호주의 북쪽에서 남쪽까지를 배터리와 태양전지만으로 달립니다. 우리나라에서는 1993년 솔라카 '콘솔레'가 처음으로 대회에 참가하였죠.

Uncle: Thank you, Min-ji. Well, our goal is not to win the race but to finish it. We drive more than 3,000 kilometers in 6 days, from north to south, across the country.

Min-ji: Wow, that's a lot! It means you drive 500 kilometers a day. I hope you do not get tired. You don't drive all day long, do you?

Uncle: No. We drive for about 9 hours a day, when the sun is up.

Min-ji: Cool! It's like plugging into the sun. I hope it's sunny. Good luck!

Uncle: Thank you. I'll do my best.

Keywords

🖊 빈칸에 들어갈 단어를 〈보기〉에서 찾아 써 봅시다.

보기   solar(태양의)   race(경주, 달리기)   drive(운전하다)

1 _____ energy is the light and heat from the sun.

2 Sue ran faster than Min-ji. Sue won the _____.

3 My father _____s a taxi.

After You Read

A 글의 내용을 바탕으로, 다음을 읽고 알맞은 답을 골라 봅시다.

1 How does the uncle feel?

    a awesome   **b** disappointed   **c** tired

2 What is the uncle's goal?

    a to start first
    b to win the race
    c to finish the race

3 When do the solar car racing teams drive?

    a when the sun shines
    b when it's cloudy
    c at night

B 주어진 단어들을 다시 배열하여 문장을 완성해 봅시다.

1 | teams | How many | are | in the race? |

→ _____

2 | I | you | hope | do not get | tired. |

→ _____

3 | hope | I | sunny. | it's |

→ _____

Vocabulary Practice

A 그림에 알맞은 영어 단어를 〈보기〉에서 찾아 써 봅시다.

| 보기 | sunny | north | south | race | drive |

1

2

3

_____

_____

_____

4

5

_____

_____

B 우리말에 해당하는 단어를 철자판에서 찾아 ○표 하고, 단어를 써 봅시다.

i	s	o	l	a	r	i	w	v	o
n	q	z	c	w	c	p	p	v	h
m	w	t	p	e	i	m	j	a	e
q	b	a	u	s	g	g	m	b	a
p	v	d	t	o	o	d	g	o	i
j	t	n	i	m	a	z	b	q	v
f	i	l	b	e	l	i	i	q	a
l	r	a	c	r	o	s	s	d	t
f	e	r	y	z	g	g	b	k	n
g	d	d	s	z	b	q	i	v	g

우리말 뜻/영단어

1 태양의

_____

2 목표

_____

3 지친, 피곤한

_____

4 ~를 가로질러

_____

5 아주 좋은, 멋진

_____

A Snow Quiz

Do you like snow? How much do you know about snow? Here's a quiz. Give it a try!
Check T for true and F for false.

Q1. All snowflakes are unique. They all look different. T F

Q2. All snowflakes have six sides. T F

Q3. Earth is the only planet with snow. T F

Q4. Snow is not white. T F

Q5. New snow is made up of 90% water. T F

어휘 turtle neck, bubble jacket

눈이 오는 날 놀 때 무엇을 입을까요? 일단 목까지 따뜻하게 목폴라를 입자고요? 영어로는 turtle neck이에 요. 흔히 롱패딩이라고 부르는 올록볼록한 외투는 bubble jacket이라고 합니다. 또 '옷을 입다'는 put on 혹은 wear를 쓰지요. 'put on a bubble jacket'과 같이요. 자, 이제 나가볼까요?

A1. False. A scientist found two identical snowflakes.

A2. True. It's all about science. They are all six-sided.

A3. False. Scientists believe snow can be found on Mars and Venus.

A4. True. Snow is actually clear.

A5. False. 90% of new snow is air.

Now that you know more about snow, the next time you play out in the snow, think about these facts you learned. And you might even learn new things. As you know, there is always more to discover in nature.

Keywords ✏️ 빈칸에 들어갈 단어를 〈보기〉에서 찾아 써 봅시다.

| 보기 | snowflake(눈송이)　　　nature(자연)　　　discover(발견하다) |

① It is fun to _____ the history of a town.

② We saw pretty _____s falling from the sky on Christmas Day.

③ Look at the sunset. It's a beauty of _____.

After You Read

A 글의 내용을 바탕으로, 다음을 읽고 알맞은 답을 골라 봅시다.

1 How many sides does a snowflake have?

   a five   **b** six   **c** eight

2 What color is the snow?

   a clear   **b** blue   **c** gray

3 New snow is made up of 90 % _____.

   a air   **b** dust   **c** water

B 주어진 단어들을 다시 배열하여 문장을 완성해 봅시다.

1 | do you know | How much | about | snow? |

   → _____

2 | Earth | with snow. | is not | the only planet |

   → _____

3 | in nature. | to discover | There is | always more |

   → _____

Vocabulary Practice

A 그림에 알맞은 영어 단어를 〈보기〉에서 찾아 써 봅시다.

보기　　　Mars　quiz　snowflake　identical　scientist

1

_____

2

_____

3

_____

4

_____

5

_____

B 우리말에 해당하는 단어를 철자판에서 찾아 ○표 하고, 단어를 써 봅시다.

d	w	b	n	n	w	a	e	o	t
i	d	m	s	j	a	c	e	a	g
s	r	q	c	e	j	t	x	w	f
c	m	w	i	z	t	u	u	j	g
o	c	l	e	a	r	a	t	r	f
v	l	p	n	i	i	l	z	k	e
e	q	a	c	l	a	l	d	x	c
r	q	q	e	v	e	y	v	h	n
t	s	l	j	f	q	u	i	z	d
s	d	b	e	l	i	e	v	e	l

우리말 뜻/영단어

1 투명한, 깨끗한

_____

2 믿다

_____

3 자연

_____

4 과학

_____

5 발견하다

_____

EBS랑 홈스쿨 초등 영어

HOME SCHOOL

초등
영독해
LEVEL
2

정답과 해설

Unit 01 I Am Suji's Best Friend

지문 해석

나의 이름은 챔프입니다. 나는 검은색 반점이 있는 하얀 강아지입니다. 수지는 나의 가장 좋은 친구입니다. 그녀는 머리를 하나로 묶은 다정한 여자아이입니다. 그녀는 나를 매일 산책하러 데려갑니다. 때때로 수지는 나를 공원에 데려갑니다. 우리는 달리고, 점프를 하고, 서로 뒤쫓습니다.

우리는 빨간 공을 갖고 노는 것을 좋아합니다. 수지는 그 빨간 공을 던져줍니다. 나는 그것을 가지러 달려가 자랑스럽게 집습니다. 달리기 후에, 나는 그녀의 무릎에 앉고 그녀는 나를 쓰다듬어 줍니다. 나는 수지의 무릎에서 내가 꼬리를 흔들 때 그녀의 미소를 보는 것을 좋아합니다. 나는 수지를 사랑하고, 수지도 나를 사랑합니다.

어휘

best 가장 좋은
spot 점, 반점
sweet 다정한, 달콤한
ponytail 포니테일(긴 머리를 망아지 꼬리처럼 하나로 묶은 모양)
take (someone) for a walk ~을 산책 데려가다
sometimes 때때로
take 데려가다, 갖고 가다
run 달리다
jump 뛰다, 점프하다
chase 뒤쫓다, 추적하다

each other 서로
throw 던지다
fetch 가지고 오다
proudly 자랑스럽게
pick 고르다, 선택하다
pick up 집다, 줍다
lap (앉았을 때 허벅지 부위) 무릎
pet 쓰다듬다; 반려동물
smile 미소; 미소 짓다
wag (개가 꼬리를) 흔들다
tail (동물의) 꼬리

Keywords

정답 **1** chase **2** throw **3** smile

해석
1 나는 나비들을 뒤쫓지만, 나비들은 항상 날아간다.
2 창문에 돌을 던지지 마세요!
3 그녀는 얼굴에 친절한 미소를 띠고 있다.

After You Read

정답 **1** True **2** False **3** False

해석
1 이 이야기는 챔프와 그의 가장 좋은 친구 수지에 대한 것이다.
2 수지는 주말에만 챔프를 산책시킨다.
3 수지는 챔프를 위해 빨간 공을 찬다.

해설
1 이 이야기는 강아지 챔프가 그의 가장 좋은 친구 수지와 함께한 경험을 말하고 있기 때문에 **True**이다.

2 수지는 챔프를 매일 산책하러 데려 간다(She takes me for a walk every day.)고 했기 때문에 주말에만 산책한다고 한 것은 False이다.

3 수지가 빨간색 공을 던진다(Suji throws the red ball.)고 했기 때문에 빨간 공을 찬다(kick)고 한 것은 False이다.

 B

정답

1 I am a white dog with black spots.

2 I run to fetch the red ball and proudly pick it up.

3 We run, jump, and chase each other.

해석

1 나는 검은색 반점이 있는 하얀색 강아지다.

2 나는 그 빨간 공을 가지러 달려가 자랑스럽게 집어 든다.

3 우리는 달리고, 점프하고, 서로 뒤를 쫓는다.

Vocabulary Practice

 A

정답

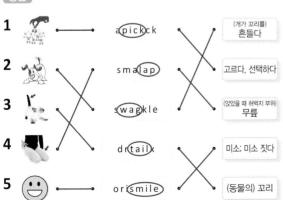

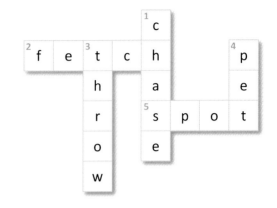 B

정답

Unit 02

How to Make a Lantern

지문 해석

등을 만드는 것은 무척 쉽고 재미있습니다. 유리병을 이용해서 등을 만들어 봅시다.

필요한 것:

유리병, 색이 있는 부드럽고 얇은 종이, 공예용 풀, 붓, 양초

안내:

1. 색깔이 있는 부드럽고 얇은 종이를 다른 모양으로 자릅니다. 삼각형, 정사각형, 별, 하트, 원형 또는 당신이 좋아하는 어떤 모양이든 만들 수 있습니다!

2. 붓을 이용해서, 유리병 위의 몇몇 장소에 약간의 풀을 바릅니다.

3. 그 몇몇 장소에, (자른) 모양들을 붙입니다.

4. 붓을 이용해, 유리병 전체를 공예용 풀을 발라 덮습니다. 그리고 마르도록 둡니다.

5. 유리병 안에 양초를 놓습니다.

6. 어른의 도움을 받아서 양초에 불을 붙입니다.

어휘

lantern 등, 랜턴

jar (유리) 병, 항아리

colored 색깔이 있는

tissue paper 부드럽고 얇은 종이, 티슈페이퍼

craft 공예

glue 풀

paintbrush 붓, 페인트용 솔

candle 초, 양초

different 다른

shape 모양

triangle 삼각형

square 정사각형

heart 하트, 심장

circle 원

put 놓다, 넣다

spot 장소, 곳

paste (풀로) 붙이다

cover 덮다

whole 전체의, 모든

let ~하도록 두다

inside ~ 안에

light (양초에) 불을 붙이다; 빛

adult 성인, 어른

Keywords

정답 **1** square **2** triangle **3** paste

해석

1 정사각형은 4개의 변을 갖고 있다.

2 피라미드는 삼각형 모양이다.

3 상자 위에 파란색 종이를 잘라 붙여라.

After You Read

A

 1 True **2** True **3** False

해석

1 이 글은 등을 만드는 방법에 관한 것이다.

2 당신은 다른 모양을 병에 붙일 수 있다.

3 당신은 친구들과 함께 양초에 불을 붙일 수 있다.

해설

1 제목에서 알 수 있듯 이 글은 등을 만드는 방법(How to Make a Lantern)에 관한 것이기 때문에 True이다.

2 세 번째 단계에서 풀을 바른 곳에 (자른) 모양들을 붙이라고(On the spots, paste the shape.) 했기 때문에 True이다.

3 여섯 번째 단계에서 어른의 도움을 받아 양초에 불을 붙이라고(Light the candle with the help of an adult.) 했기 때문에 친구와 함께 불을 붙인다는 문장은 False이다.

B

1 Cut the colored tissue paper into different shapes.

2 Put the candle inside the jar.

3 With the paintbrush, put some glue on the glass jar.

1 색이 있는 부드럽고 얇은 종이를 다른 모양으로 자릅니다.

2 유리병 안에 양초를 놓습니다.

3 붓을 이용해서, 유리병 위에 약간의 풀을 바릅니다.

Vocabulary Practice

A

정답

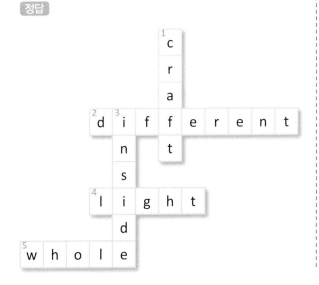

1	t t y z w e e jar	등, 랜턴
2	j k lantern w	(유리) 병, 항아리
3	d f w shape u	모양
4	c c candle r	초, 양초
5	a paintbrush	붓, 페인트용 솔

B

정답

```
        1
        c
        r
        a
  2   3
  d i f f e r e n t
    n   t
    s
      4
      l i g h t
      d
5
w h o l e
```

03 T-Rex: King of the Dinosaurs

지문 해석

안녕하세요! 나는 티렉스입니다. 나는 공룡의 왕입니다. 나는 가장 큰 육식공룡들 중의 하나입니다. 나는 코에서부터 꼬리까지 길이가 스쿨버스와 같습니다. 나는 비행기 한 대보다 더 무게가 나갑니다. 나는 커다랗고 네모난 머리를 갖고 있습니다. 내 머리는 식탁같이 큽니다. 내 꼬리는 매우 두껍고 깁니다. 나는 60개의 날카로운 이빨을 갖고 있습니다. 그것들 중 몇 개는 바나나처럼 큽니다. 나는 작은 두 개의 발톱이 있는 앞발을 갖고 있습니다. 나는 두 개의 튼튼한 다리로 걷습니다. 나는 눈이 안 좋아서 (나는) 잘 볼 수가 없습니다. 하지만, 나는 좋은 코를 갖고 있습니다. 나는 다른 동물들을 찾아내는 데 후각을 사용합니다. 다른 공룡들과 마찬가지로, 나는 알을 낳습니다. 나의 새끼들은 알에서 나올 준비가 될 때까지 알 속에서 자라납니다.

어휘

dinosaur 공룡

meat-eating 육식성의

as ~ as … …같이 ~한

heavy 무거운(heavier 더 무거운)

airplane 비행기

square 네모의

kitchen 부엌

kitchen table 식탁

tail 꼬리

thick 두꺼운

sharp 날카로운

teeth 치아
claw (새, 짐승의) 갈고리 발톱, 발톱이 있는 발
strong 튼튼한
however 그러나
other 다른
animal 동물
just 단지, 그냥
lay 알을 낳다, 놓다
grow 자라다
until ~할 때까지
come out 나오다

Keywords

정답 **1** heavy **2** lay **3** dinosaur

해석

1 그는 무거운 문을 열려고 시도했다.
2 모든 새는 알을 낳는다.
3 나는 박물관에서 공룡 뼈를 보았다.

After You Read

정답 **1** True **2** False **3** False

해석

1 티라노사우루스는 스쿨버스만큼 길다.
2 티라노사우루스의 꼬리는 매우 두껍고 짧다.
3 티라노사우루스는 큰 삼각형 모양의 머리를 갖고 있다.

해설

1 나는 코에서 꼬리까지 스쿨버스만큼 길다(From nose to tail, I'm as long as a school bus.)고 했기 때문에 True이다.

2 나의 꼬리는 매우 두껍고 길다(My tail is very thick and long.)고 했기 때문에 두껍고 짧다고 한 것은 False이다.

3 나는 큰 사각형의 머리를 갖고 있다(I have a big square head.)고 했기 때문에 삼각형 모양의 머리를 갖고 있다고 한 것은 False이다.

정답

1 My babies grow inside the eggs until they are ready to come out.
2 My eyes are bad, so I can't see well.
3 I have two small claws.

해석

1 나의 새끼들은 알에서 나올 준비가 될 때까지 알 속에서 자란다.
2 나는 눈이 안 좋아서, 잘 볼 수가 없다.
3 나는 작은 두 개의 발톱이 있는 앞발을 갖고 있다.

Vocabulary Practice

정답

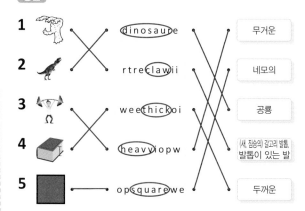

B

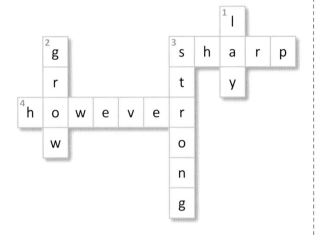

The crossword puzzle contains:
- 1 (down): l, t, r, y
- 2 (down): g, r, w
- 3 (across): s h a r p
- 3 (down): t, r, o, n, g
- 4 (across): h o w e v e r
- h (down): o, w

Unit 04 My Math Quiz

지문 해석

나는 무척 기분이 나쁩니다! 내 생각에 나는 수학 퀴즈를 망쳤습니다. 내가 퀴즈를 위해 충분히 공부하지 못했다는 것을 (나는) 알고 있습니다. 우리 엄마가 기뻐하지 않을 것입니다. 나는 문제들이 그렇게 어려웠다고 생각하지 않지만 나는 그것들에 답을 할 수가 없었습니다. 문제들 중 몇 개를 말해 주려고 합니다.

Q1. 김 씨의 가족들은 모든 서랍을 청소했다. 그들은 47개의 검은색 펜과 39개의 파랑색 펜을 찾았다. 그들은 또 다른 색깔의 펜 6개를 찾았다. 김 씨의 가족이 찾은 펜은 모두 몇 개인가?

Q2. 이 여사가 29개의 토마토를 정원에서 땄다. 그녀는 7개의 토마토를 이웃들에게 주었다. 그녀는 또한 14개의 토마토를 스파게티 소스를 만들기 위해 사용했다. 그녀에게 남은 토마토는 몇 개인가?

나는 다음 퀴즈에서는 더 잘하고자 노력할 것입니다. 죄송해요, 엄마!

어휘

math 수학(=mathematics)
upset 기분 나쁜, 화난
fail 실패하다
study 공부하다
enough 충분한
question 문제
difficult 어려운, 힘든
answer 답하다
a couple of 몇 개의, 2개의
clean out 깨끗이 치우다
drawer 서랍
black 검정; 검은
blue 파란색; 푸른
other 다른
pick 따다, 줍다
garden 정원
neighbor 이웃
spaghetti 스파게티
sauce 소스, 양념
leave 남기다(left 남겼다)
better 더 나은

Keywords

정답 **1** drawer **2** difficult **3** fail

1 서랍을 열고 너의 노트를 그 안에 넣어라.

2 일찍 일어나는 것은 매우 어렵다.

3 네가 만일 실패한다면, 다시 시도해라.

After You Read

정답 **1** False **2** True **3** False

해석

1 이야기는 영어 시험에 관한 것이다.

2 김 씨의 가족은 모두 92개의 펜을 찾았다.

3 이 여사에게 50개의 토마토가 남는다.

해설

1 주인공은 수학 퀴즈를 망쳐서(I think I failed my math quiz.) 기분이 나쁜 상태(I'm so upset!)이기 때문에 이 이야기는 영어 시험에 관한 것이라고 한 것은 False이다.

2 김 씨의 가족이 찾은 펜의 수를 구하는 식은 47+39+6=92로 정답은 92가 되므로 제시된 문장은 True이다.

3 이 여사에게 남은 토마토를 구하는 식은 29-7-14=8로 정답은 8이므로 50개가 남는다고 한 것은 False이다.

정답

1 Mrs. Lee picked tomatoes from her garden.

2 I think I failed my math quiz.

3 Mr. Kim's family cleaned out all their drawers.

해석

1 이 여사가 정원에서 토마토를 땄다.

2 내 생각에 나는 내 수학 퀴즈를 망쳤다.

3 김 씨의 가족들은 모든 서랍을 청소했다.

Vocabulary Practice

정답

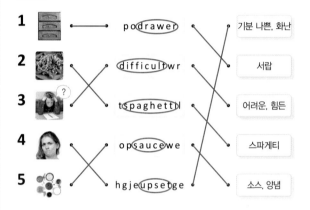

정답

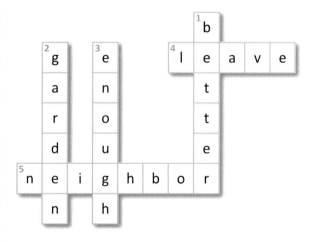

Unit 05 How to Make Slime

갖고 놀기 위한 슬라임을 만들어 봅시다! 여기 빠르고 쉬운 방법이 있습니다.

재료:

스푼, 비커, 식용 색소, 풀, 물, 붕사

안내:

1. 비커에 10ml의 물을 채우세요.
2. 30ml의 풀을 비커에 더하고 섞어줍니다.
3. 만일 당신이 식용 색소를 풀과 물의 혼합물에 더하면 색깔이 있는 슬라임을 만들 수 있습니다.
4. 붕사 1 스푼을 더하고 섞어줍니다.
5. 그 혼합물을 당신이 할 수 있는 만큼 여러 번 저어주세요.
6. 순식간에, 슬라임이 만들어지기 시작할 것입니다.
7. 슬라임을 꺼내서 갖고 놀면 됩니다. 슬라임을 둥글게 말 수도 있고 혹은 늘릴 수도 있습니다.

어휘

way 방법
spoon 스푼, 숟가락
beaker 비커
coloring 색소, 색
food coloring 식용 색소
glue 풀
fill 채우다
add 더하다
mix 섞다
colored 색깔이 있는

mixture 혼합물
stir 젓다, 섞다
as many times as ~만큼 여러 번
in a second 순식간에, 즉시
form 형성하다
take ~ out ~을 꺼내다
roll up 둥글게 말다
stretch 늘리다

Keywords

 정답 **1** Add **2** stretch **3** stir

해석

1 밀가루에 우유를 더하세요.
2 그는 밧줄을 팽팽하게 늘렸다.
3 설탕을 좀 넣고 스푼으로 저으세요.

After You Read

A

 정답 **1** True **2** True **3** False

해석

1 이 글은 스스로 슬라임 만드는 방법에 관한 것이다.
2 두 번째로, 30ml의 풀을 비커에 더하고 섞어준다.
3 슬라임을 만들기 위해서는 스푼, 가위, 그리고 식용 색소가 필요하다.

해설

1 이 이야기는 슬라임 만드는 방법(how to make slime)을 스스로 할 수 있도록 단계별로 알려준 것이므로 True이다.
2 두 번째 단계는 30ml의 풀을 비커에 더하고(add) 섞어 주는 것이므로 True이다.

3 슬라임 만드는 재료로 제시된 것은 spoon, beaker, food coloring, glue, water, borax로 scissors는 해당되지 않기 때문에 False이다.

 B

정답

1 Stir the mixture as many times as you can.

2 Fill the beaker with 10 ml of water.

3 In a second, slime will begin to form.

해석

1 그 혼합물을 당신이 할 수 있는 만큼 여러 번 저어주어라.

2 비커에 10ml의 물을 채워라.

3 순식간에, 슬라임이 만들어지기 시작할 것이다.

Vocabulary Practice

 A

정답

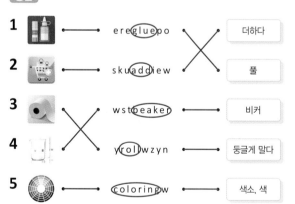

 B

정답

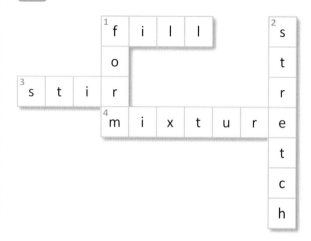

Unit

06 World's Greatest Animals

지문 해석

흰 긴수염 고래들은 세상에서 가장 큰 동물입니다. 당신은 흰 긴수염 고래의 혀가 코끼리만큼 무게가 나간다는 것을 알고 있었습니까? 그리고 그들의 심장은 차 한 대만큼 무게가 나갑니다. 그러면, 흰 긴수염 고래 한 마리 전체의 무게가 얼마일까요? 한 마리의 흰 긴수염 고래는 무게가 150톤까지 나갈 수 있습니다. 이것은 30마리 코끼리의 무게와 같습니다.

기린들은 지구에서 가장 키가 큰 동물입니다. 기린은 다른 어떤 동물보다 나무속 더 높은 곳에 도달할 수 있습니다. 기린의 키는 얼마일까요? 기린은 5.8미터까지 자랄 수 있습니다.

치타들은 세상에서 가장 빠른 육지 동물입니다. 치타

는 시속 120킬로미터의 속도로 달릴 수 있습니다. 그것은 고속도로 위의 차가 달리는 속도와 같습니다. 하지만, 치타들은 그렇게 빨리는 짧은 시간 동안만 달릴 수 있습니다.

어휘

world 세계, 세상
animal 동물
whale 고래
blue whale 흰 긴수염 고래
tongue 혀
weigh 무게가 ~이다
as much as ~만큼
elephant 코끼리
heart 심장
whole 전체의
ton 톤 (중량 단위)
weight 무게, 체중
giraffe 기린
Earth 지구
reach 도달하다, 이르다
into 속으로
up to ~까지
cheetah 치타
land 육지, 땅
speed 속도
highway 고속도로
however 하지만
short 짧은

Keywords

정답 1 highway 2 reach 3 weigh

해석

1 그는 고속도로에서 차를 운전하는 중이다.
2 아래쪽으로 손을 뻗어서 당신의 발가락을 만질 수 있습니까?
3 기린은 트럭 한 대만큼 무게가 나갈 수 있다.

 After You Read

Ⓐ

정답 1 a 2 a 3 b

해석

1 이 글은 무엇에 관한 것인가요?
   a 세계의 위대한 동물들
   b 30마리 코끼리의 무게
   c 고속도로 위의 차의 속도
2 세계에서 가장 큰 동물은 흰 긴수염 고래이다.
   b 기린
   c 고릴라
3 지구상 가장 키가 큰 동물은 기린이다.
   a 치타
   c 캥거루

해설

1 이 이야기는 세계의 위대한 동물들(World's Greatest Animals)에 대한 것이고 세계에서 가장 큰 동물(the biggest animals), 가장 키가 큰 동물(the tallest animals), 가장 빠른 육지 동물(the fastest land animals)에 관해 말하고 있다.
2 세계에서 가장 큰 동물은 흰 긴수염 고래이다. (Blue whales are the biggest animals in the world.) 고릴라에 대한 언급은 나와 있지 않다.
3 지구상 가장 키가 큰 동물은 기린이다.(Giraffes

are the tallest animals on Earth.) 캥거루에 대한 언급은 본문에 나와 있지 않다.

B
정답

1 A blue whale can weigh up to 150 tons.
2 A giraffe can reach higher into trees than any other animal.
3 Cheetahs are the fastest land animals in the world.

해석

1 한 마리의 흰 긴수염 고래는 무게가 150톤까지 나갈 수 있다.
2 기린은 다른 어떤 동물보다 나무속 더 높은 곳에 도달할 수 있다.
3 치타들은 세상에서 가장 빠른 육지 동물이다.

Vocabulary Practice

A
정답

1 Earth
2 giraffe
3 cheetah
4 tongue
5 elephant

해석

1 지구
2 기린
3 치타
4 혀
5 코끼리

B
정답

c	h	h	h	g	w	i	w	e	e
e	i	r	a	w	w	l	l	e	h
h	t	c	y	a	h	g	h	h	a
h	c	w	w	w	h	a	e	w	t
h	w	w	e	i	e	r	l	h	l
t	h	i	i	t	g	i	h	e	r
e	i	a	g	h	h	e	g	e	e
h	i	g	h	w	a	y	a	h	a
g	a	h	t	i	g	h	w	w	c
g	y	w	i	i	a	w	a	e	h

1 weigh
2 reach
3 weight
4 highway
5 whale

Unit 07 Where Is the Treasure?

지문 해석

옛날 옛적에, 보물 사냥꾼이 있었습니다. 그의 모험 중에, 그는 보물 상자를 발견했습니다. 그는 그것을 비밀의 장소에 묻어 두었습니다. 수년이 흐른 뒤, 그는 딸을 갖게 되었습니다. 그는 어떻게 보물을 찾는지 지도를 그렸고 편지를 썼습니다. 그는 그것들을[지도와 편지를] 딸에게 주었습니다. 그의 딸이 컸을 때, 그녀는 보물을 찾으러 갔습니다. 여기 그 지도와 편지가 있습니다. 딸이 보물을 찾도록 도와 줄 수 있겠습니까?

딸에게,

해골섬에서 시작해라. 거기에서부터 원숭이 마을로 바다를 건너라. 곰의 동굴을 향해 길을 따라가라. 동굴을 통과해라. 네가 교차로에 도착했을 때, 오른쪽으로 돌아 앞으로 똑바로 걸어가라. 커다란 코코넛 나무에 이르렀을 때, 왼쪽으로 돌아 길을 따라가라. 너의 앞에 인디언 협곡이 있다. 오른쪽으로 돌아서 다리 위로 나 있는 철로를 따라가라. 다리 끝에서, 보트를 타고 북쪽으로 가라. 너는 용의 성을 발견할 것이다. 보물은 성 안에 있다. 나는 그것을[보물을] 정원 한가운데 묻어 두었다.

사랑하는, 아빠가

보물은 어디에 있습니까?

treasure 보물
once upon a time 옛날 옛적에
hunter 사냥꾼, 찾아다니는 사람
during ~ 도중에
adventure 모험
find 찾다(found 찾았다)
bury 묻다(buried 묻었다)
secret 비밀의, 숨겨진
place 장소
draw 그리다(drew 그렸다)
letter 편지
go 가다(went 갔다)
dear 친애하는, 소중한
skull 두개골
cross 건너다
follow 따라가다, 따르다

cave 동굴
through ~을 통해
reach 이르다, 도달하다
crossroad 교차로
straight 똑바로, 일직선으로
ahead 앞으로
arrive 도착하다
valley 협곡
railway 철로, 철길
bridge 다리
north 북쪽(의)
castle 성
middle 정중앙, 한가운데
garden 정원

Keywords

정답 1 arrive 2 bury 3 treasure

해석
1 그녀는 2시 정각에 한국에 도착할 것이다.
2 다람쥐들은 그들의 음식을 묻어두는 것을 좋아한다.
3 봐! 저것은 해적의 보물 상자야!

After You Read

Ⓐ
정답 1 b 2 c 3 b
해석
1 이 이야기는 무엇에 관한 것인가요?
   a 편지를 쓰는 방법
   b 보물을 찾는 방법
   c 해골섬과 원숭이 마을

2 다리 끝에서, 보트를 타고 <u>북쪽</u>으로 가라.

   a 동쪽   b 서쪽

3 보물은 <u>B</u>에 묻혀 있다.

   a A   c C

해설

1 이 이야기는 딸을 위해 만든 보물이 있는 장소를 알려주는 편지와 지도에 관한 것이고, Skull Island와 Monkey Village는 지도에 등장하는 장소일 뿐이다. 그리고 편지를 쓰는 방법은 글과 관련이 없으므로 b이다.

2 다리 끝에서, 보트를 타고 북쪽으로 가라(At the end of the bridge, take a boat north.)고 했기 때문에 c이다.

3 편지의 내용을 따라, 해골섬에서 시작해서 바다를 건너 원숭이 마을에 도착한 후 길을 따라가다가 곰의 동굴을 지나친다. 그 후 오른쪽으로 돌아 길을 따라간 후, 코코넛 나무에 도달해서 왼쪽으로 방향을 바꾸어 걷다보면 인디언 협곡이 나온다. 그곳에서부터 철로를 따라 다리를 건너서 보트를 타고 북쪽으로 가면 도착 지점은 B이다. 그러므로 b이다.

B

정답

1 Turn right and follow the railway over the bridge.

2 Go through the cave.

3 When you reach the crossroads, turn right and walk straight ahead.

해석

1 오른쪽으로 돌아서 다리 위로 나 있는 철로를 따라 가라.

2 동굴을 통과해라.

3 네가 교차로에 도착했을 때, 오른쪽으로 돌아 앞으로 똑바로 걸어가라.

Vocabulary **Practice**

A

정답

1 skull

2 bury

3 straight

4 railway

5 crossroad

해석

1 두개골

2 묻다

3 똑바로, 일직선으로

4 철로, 철길

5 교차로

B

정답

c	m	f	r	f	o	l	e	s	u
s	i	t	r	o	f	t	l	r	c
t	h	r	o	u	g	h	g	o	h
o	t	s	i	m	t	f	t	l	l
r	u	a	r	s	i	m	l	h	f
s	r	r	a	r	e	r	u	u	t
s	e	r	h	r	e	c	c	n	i
c	t	i	e	f	u	r	r	t	e
m	i	v	a	h	l	r	t	e	s
m	i	e	d	t	i	m	r	r	t

1 through

2 ahead

3 hunter

4 secret

5 arrive

Dental Care Advice for Children

지문 해석

우리 엄마가 검진을 위해 나를 치과에 데려갔습니다. 나는 그것이(검진이) 필요하다고 생각하지 않았지만, 엄마는 그래도 날 데려갔습니다.

치과에서, 우리는 접수대에 접수를 했습니다. 치과 의사가 나를 볼 준비가 되지 않아서 우리는 대기실에 앉았습니다. 나는 포스터에 있는 거대한 못생긴 치아 그림을 보았습니다. 나는 벽으로 가서 자세하게 읽어보았습니다. 그것은 건강한 치아를 유지하기 위한 네 가지 간단한 조언들을 보여주었습니다.

1. 이를 닦으세요.
  – 매끼 식사 후에 이를 부드럽게 닦으세요.
  – 불소가 함유된 치약을 사용하세요.

2. 건강에 좋은 음식을 먹으세요.
  – 치즈, 우유, 과일, 그리고 야채와 같은 음식을 먹으세요.
  – 사탕과 초콜릿 같은 설탕이 든 음식을 피하세요.

3. 치아에 치실질을 하세요.
  – 하루 한 번 치실질을 하세요.
  – 치아 사이에 낀 음식물 조각들을 제거하세요.

4. 치과를 방문하세요.
  – 6개월마다 방문하세요.
  – 정기적인 검진을 받으세요.

조언들은 간단하고 쉬워 보였지만, 그것들은 때때로 따르기가 힘듭니다.

어휘

dental care 치아 보호

advice 조언

dentist 치과 의사, 치과

checkup 검진, 검사, 건강검진

still 그래도, 여전히

office 사무소, 영업소

check in 등록하다

reception 접수, 리셉션

sit 앉다(sat 앉았다)

waiting room 대기실

see 보다(saw 보았다)

huge 거대한

ugly 못생긴

poster 포스터

wall 벽

carefully 자세하게, 신중히

simple 간단한, 단순한

tip 조언, 비법

healthy 건강한, 건강에 좋은

brush 닦다

gently 부드럽게

meal 식사, 음식

fluoride 불소

toothpaste 치약

vegetable 야채

avoid 피하다

sugary 설탕이 든, 달콤한

floss 치실질을 하다; 치실

remove 제거하다, 없애다

piece 조각

catch 끼다(caught 꼈다)

between ∼ 사이에

visit 방문하다

regular 규칙적인, 정기적인

seem ∼인 것처럼 보이다

sometimes 때때로

hard 어려운

follow 따르다

 1 remove   2 avoid   3 checkup

1 당신은 집에 들어가기 전에 신발을 벗어야[제거해야] 한다.

2 우리는 정크 푸드를 먹는 것을 피할 필요가 있다.

3 당신은 정기적으로 검진을 받아야 한다.

After You Read

Ⓐ

정답 1 a   2 c   3 c

해석

1 우리 엄마가 검진을 위해 나를 치과에 데리고 갔다.
   b 박물관
   c 슈퍼마켓

---

2 당신은 왜 치실질을 하나요?

   a 검진을 받기 위해서

   b 사탕과 초콜릿 같은 설탕이 든 음식을 피하기 위해서

   c 치아 사이에 낀 음식물 조각들을 제거하기 위해서

3 건강한 치아를 유지하기 위한 조언이 아닌 것은 어느 것인가요?

   a 매끼 식사 후에 이를 닦아라.

   b 치즈, 우유, 과일, 야채와 같은 건강에 좋은 음식을 먹어라.

   c 일 년에 한 번씩 치과를 방문해라.

1 이 글은 주인공이 엄마와 함께 치과에 방문해서 본 것에 관한 이야기이다. 첫 문장에 우리 엄마가 검진을 위해 나를 치과에 데리고 갔다(My mom took me to the dentist for a checkup.)고 말하고 있기 때문에 a이다.

2 조언 세 번째에 보면 치실을 사용하라(Floss Your Teeth)고 제안하면서 치아 사이에 낀 음식물 조각을 제거하라고(Remove food pieces caught in between teeth.) 조언하고 있기 때문에 c이다.

3 건강한 치아를 유지하기 위한 네 가지 조언은 매끼 식사 후 이를 닦아라(Brush your teeth gently after every meal.), 치즈, 우유, 과일, 야채와 같은 건강에 좋은 음식을 먹어라(Eat healthy food like cheese, milk, fruits, and vegetables.), 하루 한 번 치실질을 하라(Floss your teeth once a day.), 6개월마다 치과를 방문하라(Visit the dentist every six months.)는 것이기 때문에, 아닌 것은 c이다.

B

정답

1 We checked in at the reception desk.
2 It showed four simple tips to keep your teeth healthy.
3 The tips seemed simple and easy, but they're sometimes hard to follow.

해석

1 우리는 접수대에 접수를 했다.
2 그것은 건강한 치아를 유지하기 위한 네 가지 간단한 조언들을 보여주었다.
3 그 조언들은 간단하고 쉬워 보였지만, 그것들은 때로는 따르기 힘들다.

Vocabulary Practice

A

정답

1 sugary
2 piece
3 dentist
4 floss
5 checkup

해석

1 설탕이 든, 달콤한
2 조각
3 치과 의사, 치과
4 치실질을 하다; 치실
5 검진, 검사, 건강검진

B

정답

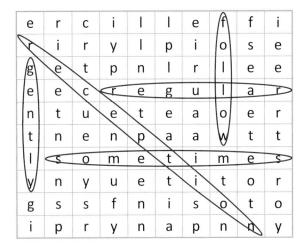

1 reception
2 gently
3 regular
4 sometimes
5 follow

Unit 09 **The Pizza of the Italian Flag**

지문 해석

여러분은 식당에서 마르게리타 피자를 주문해 본 적이 있을지도 모릅니다. 그렇다면, 그것의 이름인 '마르게리타'는 어떠한가요? 그 이름의 역사를 알고 있습니까?

1889년 6월, 이탈리아 왕 움베르토 1세와 그의 부인인 마르게리타 여왕이 이탈리아의 나폴리를 방문했습니다. 여왕은 나폴리에서 가장 유명한 피자 만드는 사람에게 특별한 피자들을 만들어 달라고 요청했습니다. 피자 만드는 사람은 신중하게 생각했고 스스로에게 "나는 이탈리아를 상징하는 피자들을 만들겠어."라고 말했습니다. 그는 3가지 다른 피자들을 만들었습니다. 그것들 중 한 가지에, 그는 이탈리아 국기의 3가지 색을 사용했습니다.

그 피자 만드는 사람은 토마토를 붉은색을 위해 사용했습니다. 그는 모짜렐라 치즈를 흰색을 위해 사용했습니다. 그리고 그는 신선한 바질을 초록색을 위해 사용했습니다. 여왕은 그 피자를 정말 좋아했습니다.

피자 만드는 사람은 그 피자를 마르게리타 여왕의 이름을 따서 지었습니다. 지금, 그 피자는 세계에서 가장 인기가 있는 피자 중 하나입니다.

어휘

Italian 이탈리아(인)의
flag 깃발
may ~일지도 모른다 (가능성을 나타냄)
order 주문하다
restaurant 식당
history 역사
June 6월
wife 아내
queen 여왕
visit 방문하다
Naples 나폴리(이탈리아의 남부의 도시)
Italy 이탈리아
famous 유명한
pizza-maker 피자 만드는 사람
special 특별한
think 생각하다(thought 생각했다)
carefully 신중하게
represent 상징하다, 대표하다
different 다른

mozzarella 모짜렐라(희고 말랑말랑한 이탈리아 치즈)
fresh 신선한
basil 바질
name ~ after ... ~을 …의 이름을 따서 짓다
popular 인기 있는, 유명한

Keywords

정답 **1** famous **2** order **3** restaurant

해석

1 프랑스는 와인으로 유명하다.

2 마실 것을 주문하시겠습니까?

3 우리는 식당에서 좋은 저녁 식사를 했다.

After You Read

A

정답 **1** c **2** c **3** b

해석

1 이 글은 무엇에 관한 것인가요?
   a 이탈리아 왕 움베르토 1세
   b 세계적으로 유명한 피자 만드는 사람
   c 마르게리타 피자가 어떻게 그 이름을 갖게 되었는가

2 피자 만드는 사람은 <u>이탈리아</u>를 상징하는 피자들을 만들었다.
   a 미국
   b 프랑스

3 피자 만드는 사람은 붉은색을 위해 <u>토마토</u>를 사용했다.
   a 케찹
   c 붉은 고추

해설

1 이 글은 마르게리타 피자 이름의 유래에 대한 이야
  기다. 본문의 등장인물인 움베르토 1세와 유명한
  피자 만드는 사람은 글의 일부 내용이므로 정답이
  될 수 없다.

2 이탈리아 남부의 도시인 나폴리의 피자 만드는
  사람은 이탈리아를 상징하는 피자를 만들었다(I
  should make pizzas representing Italy.).

3 피자 만드는 사람은 이탈리아 국기에 들어가는 3가
  지 색을 나타내기 위해 식품을 사용했는데 붉은색
  을 위해서 토마토를 사용했다(The pizza-maker
  used tomatoes for the red.).

B

정답

1 You may have ordered a Margherita
  pizza from a restaurant.

2 He used the three colors from the Italian
  flag.

3 The pizza-maker named it after Queen
  Margherita.

해석

1 당신은 식당에서 마르게리타 피자를 주문해 본 적
  이 있을지도 모릅니다.

2 그는 이탈리아 국기의 3가지 색을 사용했다.

3 피자 만드는 사람은 그 피자를 마르게리타 여왕의
  이름을 따서 지었다.

Vocabulary Practice

A

정답

1 popular
2 Italy
3 fresh
4 special
5 restaurant

해석

1 인기 있는, 유명한
2 이탈리아
3 신선한
4 특별한
5 식당

B

정답

d	r	c	t	h	o	r	d	e	r
r	c	r	y	l	p	i	o	s	f
b	e	a	p	n	l	r	d	l	a
e	h	p	r	e	g	u	l	o	m
d	t	i	r	e	e	a	o	y	o
t	n	e	s	e	f	a	w	a	u
l	s	o	m	t	s	u	m	l	s
y	n	y	u	e	o	e	l	h	u
g	s	s	t	r	p	r	n	l	s
c	g	r	f	f	u	l	y	t	y

1 history
2 order
3 carefully
4 represent
5 famous

Unit 10 The Two Biggest Korean Holidays

지문 해석

리나와 그녀의 반 친구들은 어제 사회 수업을 했습니다. 그들은 한국의 가장 큰 두 개의 명절인 설날과 추석에 대해서 공부했습니다. 수업시간 동안, 그들은 그룹별로 활동했습니다. 리나의 그룹은 그 두 명절의 특징에 대해서 분류했습니다. 그들은 커다란 표를 만들었고 그것을 벽에다 붙였습니다. 그 다음에, 그들은 그들이 어떤 명절을 더 좋아하는지 (의견을) 나누었습니다.

	설날	추석
무엇 인가?	• 음력 새해의 기념일이다.	• 한국의 전통적인 추수 축제이다.
언제?	• 음력 새해 첫날이다.	• 음력 8월 15일이다.
어떻게 기념되어지나?	• 사람들은 그들의 가족들을 만나기 위해 전국 각지에서 이동을 한다. • 젊은 세대는 어른들에게 세배를 한다. • 어린이들은 세배를 한 후 어른들로부터 돈을 받는다.	• 사람들은 보름달을 보고 소원을 빈다.
음식	• 떡국(떡으로 만든 국)	• 송편(전통적인 떡)
놀이	• 많은 사람들이 윷놀이 같은 한국 놀이를 한다.	• 여자들은 강강술래를 하며 함께 노래하고 춤춘다.

리나는 설날을 더 좋아했습니다. 다른 어린이들과 마찬가지로, 리나는 세배 후 어른들로부터 돈을 받는 것을 좋아합니다. 리나는 다음 설날을 기다리고 있습니다.

어휘

Korean 한국(인)의
holiday 명절, 휴일
classmate 반 친구
social studies 사회교과
yesterday 어제
during ~ 동안에
activity 활동
categorize 분류하다
characteristic 특징, 성격
chart 표
post 게시하다
wall 벽
share 나누다, 공유하다
celebration 축하행사, 기념일
lunar New Year 음력설
traditional 전통적인
harvest 수확, 추수
festival 축제
lunar 음력의
calender 달력
travel 이동하다, 여행하다
all over 전체에, 전면에
generation 세대, 시대
perform 수행하다, 공연하다
elder 어른, 연장자, 노인
full moon 보름달
make wishes 소원을 빌다
next 다음(의)

Keywords

정답 **1** holiday   **2** perform   **3** share

해석

1 크리스마스는 세계에서 가장 인기가 있는 명절 중의 하나이다.

2 그 가수는 그의 유명한 노래를 무대에서 공연했다.

3 John은 그의 집을 다른 세 명의 학생들과 공유한다.

After You Read

A

정답 **1** b **2** c **3** c

해석

1 이 글은 설날과 추석에 관한 것이다.
  a 떡국, 송편
  c 사회, 수학

2 추석은 음력 8월 15일이다.
  a 첫날
  b 4월 8일

3 사람들이 설날에 먹는 전통음식은 무엇인가요?
  a 김치
  b 송편
  c 떡국

해설

1 이 글은 리나가 사회시간에 배운 한국의 가장 큰 두 개의 명절인 설날과 추석에 관한 것이다(They studied about the two biggest holidays in Korea, *Seollal* and *Chuseok*.).

2 추석은 음력 8월 15일(August 15th of the lunar calendar)이고, a는 설날이고 b는 본문에 나오지 않는 부처님 오신 날을 가리킨다.

3 설날에 먹는 음식은 본문에 떡국(*ddukguk*)이 제시되었다. 송편(*songpyeon*)은 추석의 대표 음식이고, 김치(*kimchi*)는 일상적으로 먹는 음식이며 본문에 언급이 되어 있지 않다.

B

정답

1 They studied about the two biggest holidays in Korea.

2 They made a big chart and posted it on the wall.

3 People travel from all over the country to meet their family members.

해석

1 그들은 한국의 가장 큰 2개의 명절에 대해서 공부했다.

2 그들은 커다란 표를 만들었고 그것을 벽에다 붙였다.

3 사람들은 그들의 가족들을 만나기 위해 전국 각지에서 이동을 한다.

Vocabulary Practice

A

정답

1 celebration
2 traditional
3 social studies
4 characteristic
5 chart

해석

1 축하행사, 기념일
2 전통적인
3 사회교과
4 특징, 성격
5 표

B

정답

정답

c	n	e	a	o	u	g	g	o	n
o	a	o	e	n	n	o	e	a	f
e	r	t	t	z	h	e	n	i	e
e	v	t	e	p	i	p	e	r	s
i	e	n	r	g	o	g	r	n	t
m	s	a	e	z	o	c	a	i	i
p	t	t	e	r	h	r	t	s	v
o	c	g	g	t	r	m	i	p	a
s	r	t	g	a	n	v	o	z	l
t	p	o	r	t	o	o	n	s	e

1 festival
2 categorize
3 post
4 harvest
5 generation

Unit 11 My New Bike

10월 24일 토요일

나는 새 자전거가 있습니다. 그것은 연녹색이고 반짝입니다. 그것은 부모님이 주신 선물이었습니다. 부모님은 나를 놀라게 하려고 그것을 덤불에 숨기셨습니다. 내가 덤불 뒤를 보고 자전거를 보았을 때, 나는 기뻐서 폴짝 뛰었습니다. 부모님은 내가 올해 아주 많이 자랐기 때문에 새 자전거가 필요하다고 말씀하셨습니다. 나는 새 자전거를 '그리니'라고 이름 지었습니다.

나는 레드 드래곤을 나의 남동생에게 주었습니다. 레드 드래곤은 나의 옛 자전거입니다. 그것은 2년이 되었지만 아직도 새것 같습니다! 그것은 나의 남동생에게 꼭 맞습니다. 그도 기뻐서 폴짝 뛰었습니다. 나는 그가 그것을 좋아하니 기뻤습니다. 내일, 우리는 그리니와 레드 드래곤을 하루 종일 함께 탈 것입니다.

어휘

bike 자전거
light green 연녹색
shiny 빛나는, 반짝이는
gift 선물
parents 부모님(cf. parent 부모님 중 한 분)
hide 숨기다, 숨다(hid 숨겼다, 숨었다)
behind ~ 뒤에
bush 덤불, 풀숲
surprise 놀라게 하다
joy 기쁨
name 이름을 짓다; 이름
dragon 용
brother 남동생, 남자 형제
still 여전히, 아직도
brand new 아주 새로운, 금방 들여온
fit 꼭 맞다, 어울리다
perfectly 완벽하게, 완전하게
tomorrow 내일
ride 타다, 타고 가다
all day 하루 종일
together 함께

Keywords

정답 **1** bike **2** hide **3** parents

1 나는 동네에서 자전거를 탄다.

2 너는 어디에 숨었니? 나는 네가 안 보여!

3 나의 부모님은 내가 남동생에게 친절하게 대할 때 나를 자랑스러워하신다.

After You Read

정답 **1** True **2** False **3** True

해석

1 나의 부모님은 새 자전거를 덤불 뒤에 숨기셨다.

2 나는 나의 새 자전거를 '레드 드래곤'이라고 이름 지었다.

3 내 남동생은 그의 새 자전거를 좋아했다.

해설

1 They hid it behind a bush to surprise me.에서 They는 부모님을, it은 새 자전거를 가리킨다. 부모님이 나를 놀라게 하려고 새 자전거를 덤불 뒤에 숨기셨음을 알 수 있다.

2 I named my new bike "Greenie."에서 내가 새 자전거를 '그리니'라고 이름 지었음을 알 수 있다.

3 He jumped for joy. too.에서 남동생이 새로 갖게 된 자전거를 좋아했음을 알 수 있다.

B

정답

1 I jumped for joy.

2 I have a new bike.

3 It fits my brother perfectly.

해석

1 나는 기뻐서 폴짝 뛰었습니다.

2 나는 새 자전거가 있습니다.

3 그것은 나의 남동생에게 꼭 맞습니다.

Vocabulary Practice

A

정답

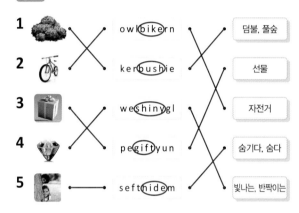

B

정답

Take My Worries Away

지문 해석

과테말라에서는, 어린이들이 걱정이나 슬픔이 있을 때 잠자리에 걱정 인형을 들고 갑니다. 전설에 따르면 이 인형이 그 걱정들을 없애줍니다. 여기에 그 방법이 있습니다.

1. 잠을 자기 전에 걱정과 문제를 생각합니다.
2. 걱정 인형에게 여러분의 걱정에 대해 말합니다.
3. 걱정 인형을 부드럽게 쓰다듬어 줍니다. 그것이 여러분의 걱정으로부터 상처를 입을 수도 있으니까요.
4. 인형을 여러분의 베개 아래에 둡니다.

인형은 여러분의 걱정을 가져갈 것입니다. 그래서 다음 날 아침, 여러분은 상쾌하게 깨어날 것입니다!

나는 내 서랍 안에 걱정 인형이 있습니다. 나는 마법을 그다지 믿지 않습니다. 그러나 나는 오늘 밤에 걱정 인형을 사용하고 싶습니다. 내가 무엇에 대해 걱정을 하느냐고요? 나는 나의 가장 친한 친구가 해외로 가게 되어 슬픕니다.

어휘

take away ~을 가져가다, 치우다
worry 걱정; 걱정하다
children 어린이들(cf. child 어린이)
doll 인형
sorrow 슬픔, 슬픈 일
legend 전설
problem 문제
hurt 다친; 다치게 하다

place 놓다, 두다; 장소, 자리
pillow 베개
refreshed 상쾌한
magic 마법, 마술
abroad 해외로

Keywords

정답 **1** refreshed   **2** magic   **3** worry

해석

1 나는 시원한 샤워를 한 후 상쾌하게 느꼈다.
2 '신데렐라'에서 요정 대모는 마법을 사용했다.
3 걱정하지 마. 모두 다 잘 될 거야.

After You Read

Ⓐ

정답 **1** True   **2** False   **3** False

해석

1 걱정 인형은 너의 걱정을 가져간다.
2 너는 걱정 인형을 너의 베개 위에 놓고 잔다.
3 나는 나의 가장 친한 친구가 아파서 슬프다.

해설

1 A legend says that this doll takes away those worries.에서 걱정 인형이 걱정을 가져간다고 하였다.

2 Place the doll under your pillow.에서 걱정 인형을 베개 아래에 둔다고 하였다.

3 I'm sad that my best friend is going abroad.에서 가장 친한 친구가 해외로 가게 되어 슬프다고 하였다.

B

정답

1 Place the doll under your pillow.
2 I have a worry doll in my drawer.
3 I'm sad that my best friend is going abroad.

해석

1 인형을 너의 베개 아래에 둔다.
2 나는 서랍 안에 걱정 인형이 있다.
3 나는 나의 가장 친한 친구가 해외로 가게 되어 슬프다.

Vocabulary Practice

A

정답

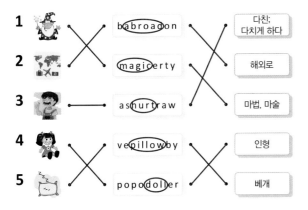

B

정답

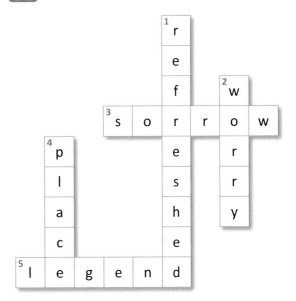

Unit 13
Favorite School Lunch Dessert

지문 해석

나는 학급 친구들에게 그들이 가장 좋아하는 학교 점심 후식에 대해 물었습니다. 30명의 학생 중에서, 12명의 학생이 주스를 가장 좋아하였습니다. 요거트는 두 번째로 가장 인기 있는 후식이었고, 과일은 세 번째였습니다. 오직 3명의 학생만이 떡을 선택했습니다.

유나: 음, 학교 점심은 항상 양이 많습니다. 나는 요거트를 더 좋아합니다. 떡은 너무 배가 부릅니다.

준호: 나는 후식으로 주스를 좋아합니다. 나는 그것을 빨리 마실 수 있어서 더 오래 놀 수 있습니다. 나는 항상 더 많은 놀이시간을 바랍니다.

수미: 점심식사 후의 떡 한 조각은 완벽합니다. 떡은 달고 든든합니다!

favorite 가장 좋아하는, 마음에 드는
dessert 후식, 디저트
classmate 학급 친구
juice 주스
yogurt 요거트
second 두 번째
popular 인기 있는
fruit 과일
third 세 번째
choose 선택하다, 고르다(chose 선택했다, 골랐다)
rice cake 떡
heavy 양이 많은, 무거운
prefer 더 좋아하다
filling 든든한, 배가 차는
drink 마시다; 음료
quickly 빨리
playtime 놀이시간
piece 조각, 부분

Keywords

정답 **1** popular   **2** classmate   **3** dessert

해석

1 내 친구들 중 다수가 같은 TV쇼를 시청한다. 그것은 인기가 있다.
2 지나와 테오는 나의 학급 친구들이다. 우리는 함께 공부하고 함께 논다.
3 우리는 식사 후에 종종 후식으로 아이스크림을 먹는다.

After You Read

A

정답 **1** True   **2** False   **3** True

해석

1 주스는 가장 인기 있는 후식이다.
2 준호는 점심식사 후 여전히 배가 고프다.
3 수미는 후식으로 떡을 더 좋아한다.

해설

1 그래프에서 주스는 12명의 학생이 선택하여 가장 인기 있었음을 알 수 있다.
2 I always want more playtime.에서 준호는 점심식사 후 놀이시간을 더 원한다고 하였으며 배가 고프다고 하지는 않았다.
3 One piece of rice cake after lunch is perfect.에서 수미는 식사 후 떡을 먹는 것을 좋아함을 알 수 있다.

B

정답

1 I prefer yogurt.
2 I can drink juice quickly.
3 Rice cake is sweet and filling!

해석

1 나는 요거트를 더 좋아한다.
2 나는 주스를 빨리 마실 수 있다.
3 떡은 달고 든든하다!

✌Vocabulary Practice

Ⓐ

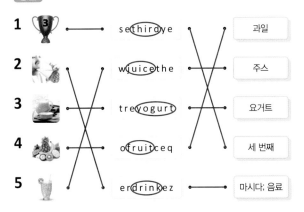

1 🏆 — sethirdye — 과일
2 — wjuicethe — 주스
3 — trevogurt — 요거트
4 — ofruitceq — 세 번째
5 🥤 — erdrinkez — 마시다; 음료

Ⓑ

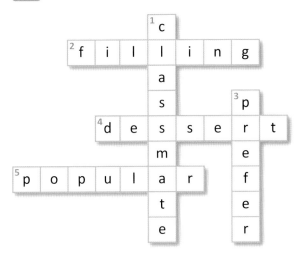

```
        ¹c
 ²f  i  l  l  i  n  g
        a
        s        ³p
    ⁴d  e  s  s  e  r  t
        m        e
 ⁵p  o  p  u  l  a  r
        t        e
        e        r
```

Unit 14 Braille, a Boy's Invention

시각장애인들은 읽기 위해 점자를 사용합니다. 점자(브라유)는 발명가인 루이 브라유의 이름을 따서 지었습니다. 그는 1809년 프랑스에서 태어났습니다. 그가 겨우 세 살이었을 때, 그는 시각을 잃었습니다. 그는 시각장애 어린이들을 위한 학교에 갔습니다. 학교에서, 그는 촉각을 이용하여 읽는 다양한 방법을 배웠습니다.

어느 날, 그는 군인들이 어둠 속에서 사용하는 비밀 코드에 대해 배웠습니다. 브라유는 그것이 시각장애인들이 읽는 것을 도울 수 있을 거라 생각했습니다. 그는 그 코드를 더 단순하게 만들어서 점자를 발명했습니다. 그것은 시각장애인들에게는 빛과 같았습니다. 그것은 그가 고작 열다섯 살이었을 때였습니다.

여기에 점자로 된 숫자가 몇 개 있습니다. 여러분은 그것들을 읽을 수 있습니까?

Braille(braille) 점자, 브라유
blind 시각장애의, 눈이 먼
inventor 발명가
lose 잃다(lost 잃었다)
sight 시각, 시력, 풍경
children 어린이들(cf. child 어린이)
touch 촉각; 만지다
secret code 비밀 코드
soldier 군인
dark 어두운, 진한
think 생각하다(thought 생각했다)
simple 간단한, 단순한
invent 발명하다
light 빛; 밝은
number 숫자

1 invent **2** touch **3** blind

1 에디슨은 학교에서 잘 하지 못했지만, 나중에 전구를 발명하였다.

2 나는 어둠 속에서 촉각을 통해 올바른 버튼을 찾았다.

3 그 사고로 그녀는 한쪽 눈의 시각을 잃었다.

After You Read

A

정답 1 True 2 False 3 True

해석

1 시각장애인들을 위한 알파벳은 점자(브라유)라고 불린다.

2 루이 브라유는 시각장애를 갖고 태어났다.

3 루이 브라유는 그가 15살이었을 때 점자를 발명했다.

해설

1 Blind people use Braille for reading.에서 시각장애인들이 글을 읽는 도구는 점자(브라유)임을 알 수 있다.

2 He lost his sight when he was just three years old.에서 그가 시각을 잃은 것은 3살 때임을 알 수 있다.

3 It was when he was only 15 years old.에서 점자를 발명했을 때 그의 나이는 15살이었음을 알 수 있다.

B

정답

1 He was born in France in 1809.

2 Blind people use Braille for reading.

3 Here are some numbers in Braille.

해석

1 그는 1809년 프랑스에서 태어났다.

2 시각장애인들은 읽기 위해 점자를 사용한다.

3 여기에 점자로 된 숫자가 몇 개 있다.

Vocabulary Practice

A

정답

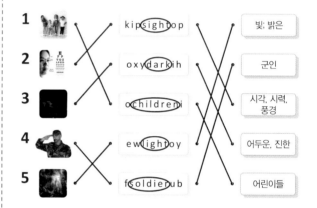

B

정답

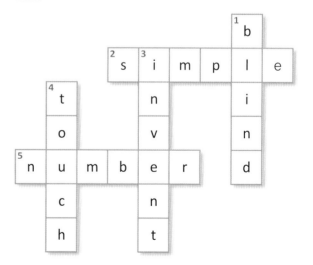

Unit 15 Add Color to Words

지문 해석

보람이의 학습 기록

나는 오늘 몇 개의 새로운 말을 배웠습니다. 사실, 그 말들은 새롭지 않지만 의미가 새롭습니다. 나의 선생님은 이런 새로운 의미가 말을 다채롭게 해준다고 하셨습니다.

내 눈의 사과

이것은 여러분이 남들보다 더 사랑하는 누군가를 의미합니다. 유명한 영국의 작가 셰익스피어가 이 말을 한 연극에서 처음으로 사용했습니다.

신 포도

이솝우화에서, 여우는 포도를 따서 먹고 싶었지만 거기에 닿을 수가 없었습니다. 그는 포기하고 포도가 시다고 말하였습니다. 때때로 우리는 우리가 무언가를 가질 수 없는 때 그것이 나쁘다고 말합니다.

삶이 당신에게 레몬을 주면, 레모네이드를 만드세요.

레몬은 시고 신 것은 대개 즐겁지 않습니다. 레모네이드는 어떤가요? 그것은 달고 시원합니다! 어떤 사람들은 그저 세상을 탓하고 아무것도 하지 않습니다. 다른 이들은 자신이 가진 것을 최대한으로 좋게 만들려고 노력합니다. 그것이 레모네이드를 만드는 것입니다!

어휘

add 더하다
actually 사실, 실제로
above ~보다 위에, ~를 넘어서
writer 작가, 글 쓰는 사람

play 연극; 놀다
sour 신맛의
grape 포도
fable 우화
fox 여우
pick 따다, 집다, 고르다
reach ~에 닿다, 도착하다
give up 포기하다(gave up 포기했다)
lemon 레몬
lemonade 레모네이드
pleasant 즐거운, 기분 좋은
blame 탓하다, 혼내다

Keywords

정답 **1** sour **2** give up **3** grape

해석

1 이 사탕은 아주 시다. 나는 그것을 못 먹겠다.
2 지금 포기하지 마. 너는 다시 시도할 수 있어!
3 포도주는 포도로 만들어진다.

After You Read

A

정답 **1** True **2** False **3** False

해석

1 네가 누군가를 다른 사람들보다 더 사랑할 때 그 사람은 네 눈의 사과이다.

2 너는 네가 가진 어떤 것이 정말로 좋을 때 '신 포도'라고 말할 수 있다.

3 레몬은 대개 삶에서 즐거운 것들을 의미한다.

해설

1 This means someone you love above

others.에서 남들보다 더 사랑하는 사람을 뜻함을 알 수 있다.

2 He gave up and said the grapes were sour.에서 가지지 못한 것에 대해 하는 말임을 알 수 있다.

3 Lemons are sour and sour things are often not pleasant.에서 레몬은 즐겁지 않은 것과 관련됨을 알 수 있다.

 B

정답

1 You are the apple of my eye.
2 The fox wanted to pick and eat grapes.
3 When life gives you lemons, make lemonade.

해석

1 너는 내 눈의 사과야[내가 사랑하는 사람이야].
2 여우는 포도를 따서 먹고 싶었다.
3 삶이 너에게 레몬을 줄 때는, 레모네이드를 만들어라.

Vocabulary Practice

 A

정답

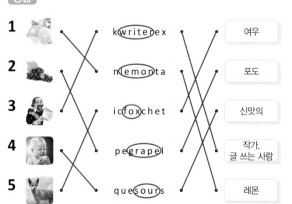

 B

정답

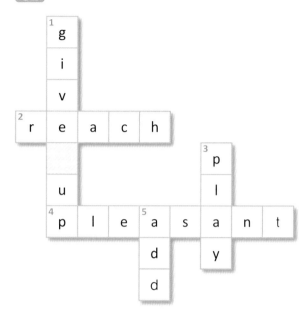

Unit 16 3D Houses in Mexico

지문 해석

비영리 회사인 New Story는 멕시코에 세계 최초의 3D 주택을 지었습니다. 시작부터 끝까지, 집을 짓는 데에는 24시간이 걸립니다. 3D 프린터는 바닥에서 시작하여 꼭대기까지 인쇄합니다. 그 후에 노동자들이 구조물에 지붕, 문, 창문을 설치합니다. 그들은 또한 수도와 전기 시설을 설치합니다. 각각의 3D 프린팅 주택은 침실 두 개와 거실, 부엌, 화장실이 있습니다.

New Story는 멕시코에 3D 주택 50채의 마을을 짓고 다른 나라에 더 짓는 것을 계획합니다. 회사의 최

고경영자인 Brett Hagler는 그들이 집을 더 빨리, 더 저렴하게, 더 잘 짓는다고 말합니다. 그는 또한 그가 전 세계의 집이 없는 사람들을 돕기를 원한다고 말합니다.

어휘

company 회사, 단체

build 짓다, 건설하다(built 지었다, 건설했다)

print 인쇄하다

3D printer 3D 프린터

bottom 바닥

top 맨 위, 꼭대기, 정상

roof 지붕

window 창문

structure 건축물, 구조

set up ～을 설치하다

system 시설, 시스템, 체계

electricity 전기

bedroom 침실

living room 거실

kitchen 부엌

bathroom 화장실

village 마을

faster 더 빠른(fast 빠른)

cheaper 더 저렴한(cheap 저렴한)

homeless 집이 없는; 노숙자

Keywords

정답 1 build   2 village   3 print

해석

1 세 마리 아기돼지는 벽돌로 집을 짓고 싶었다.

2 우리는 화성의 작은 마을을 방문했다.

3 너는 사진을 찍고 그것들을 인쇄할 수 있다.

After You Read

Ⓐ

정답   1 b   2 a   3 a

해석

1 그 회사는 멕시코에 3D 주택을 지었다.
   a 일본
   c 독일

2 3D 주택 하나를 짓는 데에는 시간이 얼마나 걸리는가?
   a 24시간
   b 3일
   c 2주일

3 3D 주택에는 다섯 개의 침실이 있지 않다.
   b 하나의 부엌
   c 하나의 거실

해설

1 The non-profit company, New Story, built the world's first 3D printed homes in Mexico.에서 3D 주택이 지어진 나라는 멕시코임을 알 수 있다.

2 From start to finish, it takes 24 hours to build a house.에서 집을 짓는 데 24시간이 걸림을 알 수 있다.

3 Each 3D printed home has two bedrooms, a living room, a kitchen, and a bathroom.에서 3D 주택에는 침실 두 개가 있음을 알 수 있다.

Ⓑ

정답

1 The 3D printer starts printing from the bottom to the top.

2 It takes 24 hours to build a house.

3 They make homes faster, cheaper, and better.

1 3D 프린터는 바닥에서 시작하여 꼭대기까지 인쇄한다.

2 집을 짓는 데에는 24시간이 걸린다.

3 그들은 더 빠르게, 더 저렴하게, 더 잘 집을 짓는다.

Vocabulary Practice

A

정답

1 window

2 electricity

3 top

4 bedroom

5 kitchen

해석

1 창문

2 전기

3 맨 위, 꼭대기, 정상

4 침실

5 부엌

B

정답

c	l	f	i	l	d	z	z	u	t
o	w	i	a	b	o	t	t	o	m
g	c	m	l	w	j	a	h	y	a
w	z	h	o	m	e	l	e	s	s
m	q	v	u	i	d	c	i	x	e
p	l	k	c	x	s	u	n	b	z
f	b	x	t	h	r	x	u	u	v
b	a	t	h	r	o	o	m	i	r
w	v	i	l	l	a	g	e	l	a
z	g	o	l	n	h	w	x	d	t

1 bottom

2 build

3 village

4 bathroom

5 homeless

Unit 17

The New Superfood: Insects

지문 해석

식탁 위의 튀긴 귀뚜라미 한 접시를 상상해보세요. 여러분은 놀랄지도 모릅니다. 이제 머핀을 상상해보세요. 문제 없습니다. 캐나다의 몇몇 식품 회사에서는 머핀을 만드는 데에 귀뚜라미 밀가루를 사용합니다. 사실 곤충을 먹는 것은 좋은 점이 많습니다.

곤충은 건강한 식품입니다. 그것들은 단백질과 무기질이 풍부합니다. 그것들은 지방과 열량은 낮습니다.

곤충을 먹는 것은 또한 지구에 도움이 됩니다. 곤충 농장은 많은 공간이 필요하지 않습니다. 이것은 더 적은 숲이 사라진다는 것을 의미합니다. 따라서, 곤충 농장은 더 적은 온실가스를 배출합니다.

딱정벌레와 애벌레는 가장 인기 있는 식용 곤충입니다. 그리고, 오늘날 더 많은 농장들이 메뚜기와 귀뚜라미를 기르고 있습니다. 그것들 중 일부를 먹어보고 싶습니까? 아니라고요? 음, 걱정 마세요. 여러분이 먹어볼 수 있는 곤충이 더 많이 있으니까요!

어휘

superfood 영양가가 풍부한 식품

insect 곤충

imagine 상상하다

plate 접시, 요리

cricket 귀뚜라미, 크리켓(운동)

surprised 놀란

muffin 머핀

flour 밀가루

healthy 건강한

rich in ~가 풍부한

protein 단백질

mineral 무기질

low in ~가 낮은, 적은

fat 지방; 뚱뚱한

calorie 열량, 칼로리

planet 지구, 세상, 행성

farm 농장

space 공간, 우주

forest 숲

clear 없애다, 정리하다; 분명한, 투명한

accordingly 따라서, 그런 이유로

produce 배출하다, 생산하다

less 더 적은(little 적은)

greenhouse 온실

gas 가스, 기체

caterpillar 애벌레

grasshopper 메뚜기

Keywords

정답 **1** insect **2** healthy **3** planet

해석

1 개미, 벌, 나비는 모두 곤충들이다.

2 너는 매일 운동함으로써 건강을 유지할 수 있다.

3 우리는 어떻게 지구를 구할 수 있을까?

After You Read

Ⓐ

정답 **1** a **2** b **3** c

해석

1 캐나다에 있는 몇몇 식품 회사는 머핀을 만들기 위해 귀뚜라미 밀가루를 사용한다.

　b 중국

　c 터키

2 딱정벌레와 애벌레는 사람들이 가장 많이 먹는 곤충이다.

　a 개미와 벌

　c 나비와 귀뚜라미

3 다음 중 옳지 않은 것은?

　a 곤충은 건강한 음식이다.

　b 곤충을 먹는 것은 지구에 좋다.

　c 곤충 농장은 많은 공간을 차지한다.

1 Some food companies in Canada use cricket flour to make muffins.에서 머핀을 만들기 위해 귀뚜라미 밀가루를 사용하는 것은 캐나다임을 알 수 있다.

2 Eating insects also helps the planet.에서 곤충을 먹는 것이 지구에 도움이 됨을 알 수 있다.

3 Insect farms don't need much space.에서 곤충 농장은 많은 공간을 차지하지 않음을 알 수 있다.

B

정답

1 Insects are rich in protein and minerals.

2 Insect farms produce less greenhouse gas.

3 Eating insects has many good points.

해석

1 곤충에는 단백질과 무기질이 풍부하다.

2 곤충 농장은 온실가스를 덜 배출한다.

3 곤충을 먹는 것에는 좋은 점이 많다.

Vocabulary Practice

A

정답

1 farm

2 flour

3 planet

4 insect

5 forest

해석

1 농장

2 밀가루

3 지구, 세상, 행성

4 곤충

5 숲

B

정답

g	h	g	a	a	r	m	b	z	s
o	r	c	h	o	o	s	e	r	b
o	j	e	z	a	p	l	a	t	e
h	r	m	e	d	w	p	u	m	p
e	e	w	a	n	g	y	k	m	r
s	l	a	x	g	h	f	i	f	o
o	i	s	l	o	i	o	m	t	d
o	n	n	g	t	j	n	u	y	u
a	x	f	l	o	h	u	e	s	c
p	x	j	h	y	n	y	f	n	e

1 imagine

2 healthy

3 produce

4 greenhouse

5 plate

Unit 18 Manners Lesson

지문 해석

이 선생님: 여러분은 예절 바른 사람이 되고 싶은가요? 여러분이 알고 있는 바른 예절을 나눠볼까요?

Mia: 저요! 저는 예의 바른 말을 사용해요. 저는 "고맙습니다", "미안합니다", "부디"와 같은 마법의 말을 사용해요.

재원: 좋은 지적이네요. 그리고 저는 항상 시간을 지키기 위해 노력합니다. 저는 그 방법으로 다른 사람에 대한 존중을 보여줄 수 있어요.

Sophia: 오, 브라질에서는 때로는 늦는 것이 더 정중해요. 만약 여러분이 저녁식사 파티에 제시간에 온다면 다른 사람들은 여러분이 욕심이 많다고 생각할 거예요.

Oliver: 식사 예절도 중요해요! 저는 모두에게 식사가 마련될 때까지 기다려요. 그리고 저는 국수를 먹을 때 소리를 내지 않도록 노력합니다.

Yu Yan: 음, 후루룩거리는 것은 중국에서는 나쁘지 않아요. 그것은 음식이 매우 맛있다는 것을 보여주고 주방장은 사람들이 후루룩거리는 것을 듣고 기뻐한답니다.

이 선생님: 와우! 여러분이 예절에 대해 많이 알고 있네요! 그리고 우리는 문화마다 예절이 다른 것을 알 수 있습니다. 그러나, 하나는 공통적이에요. 우리가 모두 다른 사람을 생각한다는 것이에요!

어휘

manners 예절, 예의
lesson 가르침, 수업
polite 예의 바른, 정중한
on time 시간을 잘 지키는
respect 존중; 존경하다
late 늦은; 늦게
greedy 욕심 많은
wait 기다리다
serve (음식을) 제공하다, 차려주다
noise 소음, 시끄러운 소리
noodle 국수, 면
slurp 후루룩거리다

different 다른
culture 문화
common 공통의, 일반적인
though 그러나, 그럼에도

Keywords

정답 **1** culture **2** polite **3** manners

해석

1 음식은 모든 문화의 중요한 부분이다.
2 그는 항상 예의 바르다. 그는 결코 남에게 무례하지 않다.
3 입을 벌린 채 음식을 씹는 것은 예의에 어긋난다.

After You Read

정답 **1** a **2** b **3** a

해석

1 너는 "고맙습니다."와 같은 마법의 말을 사용할 수 있다.
　 b "나는 그것을 할 수 없어요."
　 c "나는 그것을 좋아하지 않아요."

2 브라질에서는 저녁식사 파티에 늦는 것이 예의에 맞다.
　 a 호주
　 c 일본

3 중국에서는 국수를 후루룩거리며 먹어도 된다.
　 b 독일
　 c 프랑스

해설

1 I use some magic words, like "Thank you," "Sorry," and "Please."에서 상대방의 마

음을 움직여주는 마법의 말 중에는 "Thank you."
가 포함되어 있음을 알 수 있다.

2 Oh, in Brazil, sometimes it's more polite
to be late. If you are on time to a dinner
party, others will think that you are
greedy.에서 저녁식사 파티에 늦는 것이 예의에
맞음을 알 수 있다.

3 Well, slurping is not bad in China.에서 후루
룩거리는 것이 중국에서는 나쁘지 않다고 하였다.

B

정답

1 I wait until everyone is served.
2 I try not to make noise when I eat
noodles.
3 You know a lot about manners!

해석

1 나는 모두에게 음식이 마련될 때까지 기다린다.
2 나는 국수를 먹을 때 소리를 내지 않으려고 노력한다.
3 너는 예의에 대해 많이 알고 있다!

Vocabulary Practice

A

정답

1 greedy
2 noise
3 noodle
4 polite
5 wait

해석

1 욕심 많은
2 소음, 시끄러운 소리

3 국수, 면
4 예의 바른, 정중한
5 기다리다

B

정답

s	v	o	o	t	e	v	x	k	l
l	y	m	a	n	n	e	r	s	d
u	a	c	u	l	t	u	r	e	g
r	s	t	d	h	k	t	k	u	n
p	n	c	e	f	o	n	g	j	x
k	a	o	r	e	s	p	e	c	t
m	y	m	u	y	n	f	o	l	n
f	n	m	y	t	e	q	j	i	c
k	l	o	j	s	z	g	e	d	s
a	n	n	d	e	g	v	y	l	l

1 manners
2 respect
3 late
4 culture
5 common

Unit 19 The Solar Car Race

지문 해석

(화상전화 중)

민지: 희동 삼촌, 안녕하세요?

삼촌: 안녕, 민지야!

민지: 내일이 결전의 날이네요, 태양광 자동차 경주요!
기분이 어떠세요?

삼촌: 나는 기분이 아주 좋아. 나의 팀은 준비가 되었어.

민지: 삼촌이 자랑스러워요. 얼마나 많은 팀이 경주에 나오나요?

삼촌: 올해는 전 세계에서 47개 팀이 참가해.

민지: 멋져요. 삼촌이 우승하시길 바라요!

삼촌: 고마워, 민지야. 그런데, 우리 목표는 경주에서 우승하는 것이 아니라 경주를 완주하는 것이야. 우리는 6일 동안에 3,000킬로미터 이상을 운전하거든, 나라의 북쪽에서 남쪽까지 가로질러서.

민지: 와우, 아주 기네요! 그것은 하루에 500킬로미터를 운전한다는 뜻이네요. 저는 삼촌이 지치지 않으시기를 바라요. 하루 종일 운전하는 것은 아니죠, 그렇죠?

삼촌: 그건 아니야. 우리는 해가 떠있는 동안 하루에 9시간 정도를 달린단다.

민지: 멋져요! 마치 태양에 플러그를 꽂는 것 같네요. 날씨가 맑기를 바라요. 행운을 빌어요!

삼촌: 고마워. 최선을 다할게.

어휘

solar 태양의

race 경주, 달리기

awesome 아주 좋은, 멋진

ready 준비된

win 이기다, 승리하다

goal 목표

finish 끝내다, 마치다

drive 운전하다, 태워다주다

north 북쪽

south 남쪽

across ~를 가로질러

tired 지친, 피곤한

plug into ~에 플러그를 꽂다, 연결하다

sunny 맑은, 해가 빛나는

do one's best 최선을 다하다

Keywords

정답　1 Solar　2 race　3 drive

해석

1　태양에너지는 태양으로부터의 빛과 열이다.

2　수는 민지보다 더 빨리 달렸다. 수가 경주에서 이겼다.

3　나의 아버지는 택시를 운전하신다.

After You Read

정답　1 a　2 c　3 a

해석

1　삼촌의 기분은 어떤가요?
　　a 아주 좋은
　　b 실망한
　　c 피곤한

2　삼촌의 목표는 무엇인가요?
　　a 첫 번째로 출발하는 것
　　b 경주에서 이기는 것
　　c 경주를 완주하는 것

3　태양광 자동차 경주 팀들은 언제 운전하나요?
　　a 해가 빛나는 동안에
　　b 구름이 있을 때
　　c 밤에

해설

1　I feel awesome.에서 삼촌의 기분이 아주 좋음을 알 수 있다.

2 Well, our goal is not to win the race but to finish it.에서 삼촌의 목표가 경주를 완주하는 것임을 알 수 있다.

3 We drive for about 9 hours a day, when the sun is up.에서 해가 떠있는 동안에 운전함을 알 수 있다.

B

정답

1 How many teams are in the race?
2 I hope you do not get tired.
3 I hope it's sunny.

해석

1 얼마나 많은 팀이 경주에 나오는가?
2 나는 네가 지치지 않기를 바란다.
3 나는 날씨가 맑기를 바란다.

Vocabulary Practice

A

정답

1 north
2 sunny
3 south
4 race
5 drive

해석

1 북쪽
2 맑은, 해가 빛나는
3 남쪽
4 경주, 달리기
5 운전하다, 태워다주다

B

정답

i	s	o	l	a	r	i	w	v	o
n	q	z	c	w	c	p	p	v	h
m	w	t	p	e	i	m	j	a	e
q	b	a	u	s	g	g	m	b	a
p	v	d	t	o	o	d	g	o	i
j	t	n	i	m	a	z	b	q	v
f	i	l	b	e	l	i	i	q	a
l	r	a	c	r	o	s	s	d	t
f	e	r	y	z	g	g	b	k	n
g	d	d	s	z	b	q	i	v	g

1 solar
2 goal
3 tired
4 across
5 awesome

지문 해석

여러분은 눈을 좋아하나요? 여러분은 눈에 대해 얼마나 알고 있나요? 여기에 퀴즈가 있습니다. 한번 풀어 보세요!

맞으면 T, 틀리면 F에 체크하세요.

Q1. 모든 눈송이는 유일합니다. 그것들은 모두 다르게 보입니다.

Q2. 모든 눈송이는 여섯 면으로 되어 있습니다.

Q3. 지구는 눈이 내리는 유일한 행성입니다.

Q4. 눈은 하얗지 않습니다.

Q5. 갓 내린 눈은 90퍼센트의 물로 이루어져 있습니다.

A1. 틀립니다. 한 과학자가 동일한 두 개의 눈송이를 발견하였습니다.

A2. 맞습니다. 이것은 모두 과학에 관한 것입니다. 눈송이들은 모두 여섯 면으로 되어 있습니다.

A3. 틀립니다. 과학자들은 화성과 금성에서 눈이 발견될 수 있다고 믿는답니다.

A4. 맞습니다. 눈은 사실 투명합니다.

A5. 틀립니다. 갓 내린 눈의 90퍼센트는 공기입니다.

이제 여러분들이 눈에 대해 더 알게 되었으니까, 다음에 눈에서 나가 논다면, 여러분이 배운 이 사실들을 떠올려보세요. 그리고 여러분은 아마 심지어 새로운 것을 알게 될지도 몰라요. 여러분도 알듯, 자연에는 항상 발견할 것이 더 있으니까요.

어휘

quiz 퀴즈
snowflake 눈송이
unique 유일한, 특별한
made up of ~로 구성된
scientist 과학자
identical 동일한, 똑같은
science 과학
believe 믿다
Mars 화성
Venus 금성
clear 투명한, 깨끗한
discover 발견하다
nature 자연, 본성

Keywords

정답 1 discover   2 snowflake   3 nature

해석

1 한 마을의 역사를 발견하는 것은 재미있다.

2 우리는 크리스마스날 예쁜 눈송이가 하늘에서 내리는 것을 보았다.

3 해 지는 풍경을 봐. 자연의 아름다움이야.

After You Read

정답 1 b   2 a   3 a

해석

1 눈송이에는 몇 개의 면이 있나요?
   a 다섯
   b 여섯
   c 여덟

2 눈은 무슨 색인가요?
   a 투명함
   b 파란색
   c 회색

3 갓 내린 눈은 90퍼센트의 공기로 이루어져 있다.
   b 먼지
   c 물

해설

1 They are all six-sided.에서 눈송이는 모두 육각형임을 알 수 있다.

2 Snow is actually clear.에서 눈은 투명함을 알 수 있다.

3 90% of new snow is air.에서 갓 내린 눈의 90퍼센트는 공기임을 알 수 있다.

B

1 How much do you know about snow?
2 Earth is not the only planet with snow.
3 There is always more to discover in nature.

해석

1 눈에 대해 얼마나 알고 있는가?
2 지구는 눈이 있는 유일한 행성이 아니다.
3 자연에는 항상 발견할 것이 더 있다.

Vocabulary Practice

A

정답

1 snowflake
2 identical
3 quiz
4 scientist
5 Mars

해석

1 눈송이
2 동일한, 똑같은
3 퀴즈
4 과학자
5 화성

B

정답

d	w	b	n	n	w	a	e	o	t
i	d	m	s	j	a	c	e	a	g
s	r	q	c	e	j	t	x	w	f
c	m	w	i	z	t	u	u	j	g
o	c	l	e	a	r	a	t	r	f
v	l	p	n	i	i	l	z	k	e
e	q	a	c	l	a	l	d	x	c
r	q	q	e	v	e	y	v	h	n
t	s	l	j	f	q	u	i	z	d
s	d	b	e	l	i	e	v	e	l

1 clear
2 believe
3 nature
4 science
5 discover